CARTÉIS INTERNACIONAIS:

Uma abordagem dos mecanismos extraterritoriais de persecução

KARLA MARGARIDA MARTINS SANTOS

Mestre em Direito das Relações Internacionais pela Uniceub.
Professora do Curso de Direito do Centro de Ensino Universitário de Brasília.
Procuradora Federal. Chefe de Estudos e Pareceres da
Procuradoria do CADE. Pesquisadora do Grupo Integrado de Pesquisas
em Direito Econômico e Sistemas de Integração do Uniceub.

CARTÉIS INTERNACIONAIS:

Uma abordagem dos mecanismos extraterritoriais de persecução

EDITORA LTR®
SÃO PAULO

Dados Internacionais de Catalogação na Publicação (CIP)
(Câmara Brasileira do Livro, SP, Brasil)

Santos, Karla Margarida Martins
Cartéis internacionais : uma abordagem dos mecanismos extraterritoriais de persecução / Karla Margarida Martins Santos. — São Paulo : LTr, 2007.

ISBN 978-85-361-0973-2

1. Cartéis 2. Concorrência internacional I. Título.

07-1727 CDU-34:334.753:339.13

Índice para catálogo sistemático:

1. Cartéis 2. Concorrência internacional : Direito 34:334.753:339.13

Produção Gráfica e Editoração Eletrônica: **LINOTEC**
Capa: **ELIANA C. COSTA**
Impressão: **CROMOSETE**

(Cód. 3410.6)

LTr
EDITORA LTDA.

Rua Apa, 165 — CEP 01201-904 — Fone (11) 3826-2788 — Fax (11) 3826-9180
São Paulo, SP — Brasil — www.ltr.com.br

Julho, 2007

À Bruna, à Maria Eduarda e ao André.

AGRADECIMENTOS

A Deus, pelas bênçãos que tem derramado em minha vida.

Aos meus familiares, por tudo o que significam.

Ao UniCEUB, instituição cuja importância tem sido reforçada na minha vida como docente e discente, pela concessão da bolsa de estudos, sem a qual a realização do Mestrado não teria sido possível.

Ao professor Dr. Marcelo Dias Varella, pelo apoio incondicional não apenas neste trabalho, mas em todos os projetos do Mestrado.

Às professoras Dra. Neide Malard e Áurea Ramin, pela amizade, a confiança e o incentivo, que muito representam nas minhas tentativas de aprofundar os estudos em Direito da Concorrência.

Ao Conselho Administrativo de Defesa Econômica — CADE, autarquia federal que ao longo de dez anos tem me possibilitado uma experiência profícua no cotidiano da defesa da concorrência.

Aos Procuradores Federais junto ao CADE, por lutarem por uma concorrência salutar.

À Simone Maria Araújo Leite Ferreira, pela amizade, alegria e apoio nos momentos difíceis.

À Mariângela Abrão, pelo auxílio imprescindível na formatação do trabalho.

SUMÁRIO

LISTA DE SIGLAS

ALADI — Associação Latino-Americana de Livre Comércio e Integração (Tratado de Montevidéu,1980).

ALALC — Associação Latino-Americana de Livre Comércio (Tratado de Montevidéu 1960).

ALCA — Área de Livre Comércio das Américas.

CADE — Conselho Administrativo de Defesa Econômica.

CE — Comunidade Européia (v. EU).

CECA — Comunidade do Carvão e do Aço.

CEE — Comunidade Econômica Européia (v. CE e EU).

CJEC — Corte da Justiça da Comunidade Européia (v. TJCE).

CMC — Conselho do Mercado Comum.

DG-IV — Divisão de Concorrência da Comunidade Européia.

DOJ — Departamento de Justiça Norte Americano.

DOU — Diário Oficial da União.

ECR — European Court Reports/Relatórios da Corte Européia.

EURATOM — Comunidade Européia para a Energia Atômica.

EURO — Unidade Monetária Européia introduzida em 1º de janeiro de 1999.

FBI — Polícia Federal dos Estados Unidos.

FTC — Federal Trade Comission.

GATT — General Agreement on Tariffs and Trade/Acordo Geral de Tarifas e Comércio.

GMC — Grupo Mercado Comum

HHI — Herfindahl-Hirschman Index

ICC — Interstate Commerce Commission

JOCE — Journal Officiel de la Communauté Européenne/ Diário Oficial da Comunidade Européia.

MERCOSUL — Mercado Comum do Sul.

NAFTA	— North American Free Trade Agreement.
OCDE	— Organização de Cooperação e de Desenvolvimento Econômico.
OEA	— Organização dos Estados Americanos.
OIC	— Organização Internacional do Comércio.
OJEC	— Official Journal of the European Community/Diário Oficial da Comunidade Européia.
OMC	— Organização Mundial do Comércio.
ONU	— Organização das Nações Unidas.
OSC	— Órgão de Soluções de Controvérsias.
UNCTAD	— Conferência das Nações Unidas sobre o Comércio e o Desenvolvimento.
PLT	— Tratado relativo aos direitos de patentes.
TEC	— Tarifa Externa Comum.
TJCE	— Tribunal de Justiça da Comunidade Européia.
EU	— União Européia — termo adotado preferencialmente para denominar a integração européia.

PREFÁCIO

Foi com desmesurada honra que recebi o convite da Professora Karla Margarida para apresentar o prefácio de seu livro "Cartéis Internacionais".

A obra é de especial interesse para os estudiosos e profissionais da área do Direito da Concorrência, pois a autora enfrenta com profundidade as questões jurídico-econômicas relativas aos cartéis internacionais, tema escolhido para sua dissertação de mestrado no Uniceub, que foi apresentada perante banca da qual tive a grande distinção de participar juntamente com minha amiga e mestra Isabel Vaz. O trabalho, profícuo e de excelente qualidade, foi desenvolvido sob rigorosa orientação científica do Professor *Marcelo Varella.*

O cunho científico da obra se revela na neutralidade com que a autora analisa cada um dos temas que a compõem. A dosagem correta dos ingredientes jurídicos e econômicos é capaz de proporcionar ao jurista o conhecimento de questões básicas da Economia, necessárias à compreensão da conduta colusória, e ao economista, as noções jurídicas imprescindíveis à configuração do cartel como infração à ordem econômica.

A obra, que tem na atualidade do tema mais uma de suas virtudes, é de leitura leve, não obstante a profundidade das abordagens científicas nela contidas, proporcionando ao leitor a oportunidade de conhecer os reais problemas que enfrentam o legislador e o aplicador da lei na persecução dos cartéis internacionais.

A autora constrói logo no primeiro capítulo um quadro conceitual, apresentando ao leitor os principais conceitos utilizados no estudo da Concorrência, para adentrar, no capítulo seguinte, a estrutura e as características dos cartéis em geral, formando, desta feita, a base teórica imprescindível à compreensão da colusão internacional e dos instrumentos utilizados em sua repressão. Para tanto, ainda no capítulo segundo, a autora descreve os principais tipos de cartéis internacionais e apresenta um quadro ilustrativo dos grupos que atuaram além das fronteiras de uma jurisdição. O capítulo segundo chega ao fim com a densidade peculiar à obra, discorrendo a autora sobre os diversos mecanismos e estratégias utilizadas pelos cartéis para atingir os objetivos almejados.

No capítulo terceiro, a autora brinda o leitor com uma síntese dos sistemas de defesa da concorrência nos Estados Unidos e na Europa, enfocando as questões de maior relevância em cada um deles, as quais, pela possibilidade de serem universalmente aplicáveis, acabaram introduzidas em nosso direito.

É no capítulo quarto que a autora enfrenta, com proficiência e mestria, o tema que inspirou a obra. Sob o título "A minimização dos efeitos da cartelização internacional", o capítulo referido traz a conhecimento do leitor os mecanismos e instrumentos utilizados pelas jurisdições européia e norte-americana no combate aos cartéis internacionais, detalhando, ainda, os acordos de cooperação internacional em defesa da concorrência.

Com esta obra a LTr Editora proporciona à comunidade jurídica a oportunidade de conhecer com profundidade não apenas a atuação dos cartéis internacionais, mas ainda o alívio que as jurisdições mais avançadas na defesa da concorrência podem propiciar à sociedade, sobretudo aos consumidores, as grandes vítimas de tal conduta, vil e mesquinha, tão presente e atual na economia globalizada.

Em 23 de abril de 2007.

Neide Teresinha Malard

Professora Doutora do Uniceub. Ex-Conselheira do Conselho Administrativo de Defesa Econômica — CADE

People of the same trade seldom meet together,
even for merriment and diversion, but the
conversation ends in a conspiracy against
the public, or in some contrivance to raise prices.

Adam Smith.

*(Inquérito sobre a natureza e
as causas da riqueza das nações).*

INTRODUÇÃO

A celebração em 26 de outubro de 1999, de acordo entre o governo brasileiro e o norte americano relativo à cooperação entre autoridades de defesa da concorrência em relação à aplicação de suas leis despertou em diversos técnicos atuantes em defesa da concorrência do Brasil a preocupação com a atuação anticompetitiva de agentes transfronteiriços dentro da jurisdição nacional.

Embora se admita que a globalização ou a denominada mundialização de mercados constitua um processo ainda inacabado apesar de algumas divergências no que se refere aos conceitos utilizados, não se pode negar que a partir da década de 90, especialmente após a criação da Organização Mundial do Comércio — OMC, empresas, nações e indivíduos passaram a atuar em países em que não estivessem fisicamente instalados, atribuindo um novo perfil à distribuição de capitais e ao poder dela decorrente.

A instituição de relações comerciais multilaterais trouxe, consigo, profundas distorções nos intercâmbios comerciais, nos fluxos de pagamento e de informações, passando a ser estigmatizada por conflitos permanentes e tensões contínuas.

A liberalização dos mercados imprimiu um papel diferenciado para os países emergentes na medida em que as empresas, cada vez mais internacionalizadas no intuito de incrementar seus ganhos, têm utilizado processos de concentração de capital e conduzido a própria atuação com base na formulação de estudos e cenários que minimizam os riscos e viabilizam, muitas vezes, o acerto, pela obtenção de formas mais eficazes de acesso a matérias-primas, insumos ou colocação de seus produtos ou serviços no mercado, neles instalando suas plantas de produção.

Essa dinâmica de atuação também reforçou a presença de oligopólios em todo o mundo, forma mais comum de caracterização dos mercados na atualidade, marcada pela presença de poucas empresas ofertantes de um dado produto ou serviço com características idênticas ou muito próximas, o que permite maior substitutibilidade entre eles. As mudanças incorporadas a um produto por uma das empresas integrantes de um segmento oligopolizado, agregando-lhe melhor qualidade, geralmente são acompanhadas pelas demais empresas do segmento no intuito de não terem suas participações alteradas.

A principal conseqüência de uma estrutura oligopolizada é o poder de mercado das empresas que pode ensejar uma interdependência entre os comportamentos das empresas oligopolistas no que se refere ao estabelecimento de preços, volume de vendas, estratégias promocionais, enfim, em tudo que implique diferenciação entre os produtos dos concorrentes.

A adoção de comportamentos paralelos entre os rivais em mercados oligopolizados geralmente ocorre em tentativas de incremento de preço, haja vista que a tendência do segmento como um todo é aumentar os preços praticados, incorporando margens maiores de lucro.

Ausente a cooperação entre os agentes, o resultado é um cenário em que há maximização independente de lucros, passível de gerar uma guerra de preços entre as empresas rivais. No entanto, o comportamento colusivo pode levar à ocorrência de distorções anticompetitivas, como os cartéis internacionais.

Os cartéis internacionais constituem-se em desvirtuamento das organizações internacionais, exteriorizados por acordos ilícitos entre empresas concorrentes para fixar preços, reduzir o volume de produção ou dividir os mercados de atuação. A presença deles elimina os benefícios do processo competitivo, produzindo efeitos nocivos, de forma simultânea, em diversos países, provocando conflitos de leis e jurisdições.

Essas questões têm promovido debates entre as nações quanto à aplicabilidade de normas de defesa da concorrência na persecução desse comportamento anticompetitivo, evidenciando diferenças entre os Estados, derivadas dos diversos e próprios graus de desenvolvimento.

No que se refere à repreensão de cartéis, ganham relevo as assimetrias oriundas dos diferentes graus de maturidade das nações em relação à denominada cultura da concorrência, de onde se destaca a atinente à própria existência de legislação, a efetividade e o tratamento que atribuem aos cartéis, estrutura anticompetitiva mais repudiada em todo o mundo, seja pela aplicabilidade da regra *per se* ou pela incidência da regra da razão.

No esforço de repreensão, diversas estratégias têm sido adotadas pelas nações, como a possibilidade de aplicação extraterritorial das leis antitruste, o que não isentou o tema de conflitos, como os advindos dos questionamentos à violação de soberania.

Outro aspecto procedente da necessidade de repreensão aos cartéis internacionais diz respeito aos debates acerca da criação de regras internacionais de política da concorrência, no intuito de aumentar a coordenação e convergência entre as autoridades antitruste de todo o mundo. Nesse sentido, têm sido empresados acordos bilaterais entre as nações e acordos regionais entre blocos econômicos e outros países.

Organismos plurilaterais como a UNCTAD e a OCDE têm efetuado diversos estudos acerca do tema e a OMC, no intuito de diminuir as discrepâncias entre os vários sistemas de concorrência e permitir a cooperação na repreensão dos cartéis internacionais.

Muitos entendem que a Organização Mundial do Comércio — OMC seria o foro adequado para o tratamento da questão e que apesar da sobreposição de seus atores, as perspectivas são diferenciadas das sugeridas por aqueles entes plurilaterais no que se refere à abordagem do tema, contemplado desde a Rodada Uruguai. A distinção está concentrada no âmbito e nas estratégias de persecução e nos resultados que a aprovação dos acordos empresados pelos seus integrantes causaria no comércio internacional. Enquanto na OMC as discussões sugerem a assinatura de um acordo multilateral, com a criação de um órgão de solução de controvérsias, a UNCTAD e a OCDE indicam a necessidade de que sejam estabelecidos mecanismos voluntários de convergência entre seus membros.

A discussão a propósito de mecanismos bilaterais, regionais e multilaterais de combate a cartéis internacionais tem demonstrado certa incoerência nos discursos de algumas nações desenvolvidas. Ao mesmo tempo em que defendem o fomento das regras multilaterais de combate aos cartéis internacionais, resistem em transigir em questões que implicariam maior competitividade como a de eliminação de subsídios à agricultura.

A proposta deste trabalho é examinar os cartéis internacionais a partir das formas de aplicação extraterritorial da legislação antitruste, inclusive as cooperações bilaterais, regionais e multilaterais.

Para o entendimento do que significam os cartéis internacionais, das possíveis distorções que possam causar no mercado e da configuração ou não num segmento oligopolizado, verificou-se necessária a abordagem e a familiarização com termos muito presentes em defesa da concorrência como: escassez, mercado relevante, poder de mercado bem como de estruturas de mercado: o monopólio, a concorrência perfeita, a concorrência monopolística e os oligopólios.

O conhecimento pleno destes termos permite abordar, no capítulo seguinte, o conceito, os tipos e as características dos cartéis internacionais, inclusive aqueles fomentados pelo Estado, assim como diferenciar situações em que o comportamento paralelo entre os agentes de elementos adicionais para tanto, máxime num cenário econômico cada vez mais marcado pela presença de poucas empresas.

Além da conceituação e classificação dos cartéis internacionais, constatou-se a conveniência de descrever e analisar a conjuntura de surgimento e evolução dos critérios utilizados na persecução dos cartéis internacionais por autoridades antitruste em todo o mundo, o que foi feito a partir de pesquisa bibliográfica e levantamento de jurisprudência. Nesse sentido, a pesquisa bibliográfica, a análise dos precedentes e das estruturas jurídicas do sistema permitiu a utilização do método dedutivo.

Partindo da premissa de que a interação entre autoridades de defesa da concorrência na repreensão a cartéis internacionais é conseqüência das estratégias cada vez mais arrojadas desses agentes, por fim, no terceiro capítulo, são abordados os instrumentos de persecução aos cartéis internacionais, enfatizando o aspecto jurídico do alcance da jurisdição extraterritorial. Nesse sentido, analisa-se o desenvolvimento dos princípios envolvidos na aplicação extraterritorial das leis de defesa da concorrência e sua evolução para a teoria do impacto territorial com base em decisões administrativas e judiciais acerca do tema por parte de autoridades norte-americanas e européias.

Ainda nesse capítulo, analisam-se as diversas tentativas de saneamento dos conflitos referentes à aplicação extraterritorial de normas de defesa da concorrência. Em primeiro lugar, verifica-se o alcance e a eficácia dos acordos bilaterais, passando em seguida à análise dos acordos regionais e às perspectivas de adoção de um acordo multilateral, considerando-se as perspectivas de acordos plurilaterais formalizados em organismos de cooperação como a UNCTAD e a OCDE. Por fim, verificando-se o caráter não obrigatório das normas plurilaterais de defesa da concorrência e um certo retardamento das discussões do tema no âmbito da OMC, sugere-se uma forma de proposição do tema perante a OMC de acordo com a percepção de sua evolução no cenário internacional.

É importante salientar que a pesquisa não tem a pretensão de esgotar o assunto, mas contribuir com pesquisadores futuros, afim de que possam desenvolver outros trabalhos nesta área, diante das constatações aqui verificadas.

1. REGULAÇÃO JURÍDICA DA ECONOMIA E CONSTRUÇÃO DO QUADRO CONCEITUAL

As relações entre o Direito e a Economia fazem parte da essência dessas duas ciências desde o seu nascimento. A Economia estuda a alocação de bens e recursos partindo do pressuposto de que eles são escassos e de que as necessidades humanas são infinitas, devendo-se fazer escolhas de quais necessidades serão atendidas. O Direito, por sua vez, disciplina a utilização desses recursos limitados, uma vez que: as disfunções geradas potencializam a possibilidade de ocorrência de conflitos entre os indivíduos de um determinado grupo. Conclui-se que os fatos econômicos podem pressionar a criação de uma norma específica, por exemplo, para evitar o esgotamento de um determinado recurso ou para evitar o conflito entre os indivíduos, e que as normas jurídicas, por sua vez, podem disciplinar o comportamento dos agentes ou a utilização de tais recursos diante de sua escassez, no intuito de minimizar o conflito ou preservar a própria existência do bem.

Para compreender a relação simbiótica entre esses dois ramos do conhecimento é necessário dominar certos conceitos econômicos que permeiam os dois campos do saber científico os quais serão imprescindíveis para determinar a nocividade de comportamentos considerados anticompetitivos e, via de regra, ilegais pela quase totalidade dos ordenamentos jurídicos modernos, como os cartéis transfronteiriços.

Deste modo, abordar-se-á de forma sucinta o interesse do Direito em regular as atividades econômicas mais amplamente para, em seguida, apresentar os conceitos nascidos desta relação, os quais servirão de base para toda a discussão que analisa o tema neste trabalho.

1.1. REGULAÇÃO DE CERTAS ATIVIDADES ECONÔMICAS PELO DIREITO

As Ciências Sociais têm se preocupado em estudar e explicar a importância do Estado na sociedade por motivos econômicos, éticos, sociais ou legais. De fato, a atuação do Estado nas sociedades contemporâneas tem uma dimensão diversa da que se verifica no denominado capitalismo antigo, fundado em grande parte na conquista militar. Esta atuação, seja como agente econômico, seja como regulador, representa uma modificação total na maneira da sociedade gerir sua separação relativamente à sede do seu sentido e de sua legitimidade(1), estabelecendo um novo pressuposto psicológico-comportamental, que leva seus membros a se colocarem numa situação de controle ou de controlados. Embora nem sempre seja perceptível, essa relação está, muitas vezes, na essência social, o que torna necessário procurar sua origem, como assevera Marcel Gauchet, "muito além do momento estrito da ruptura da unidade social sob o golpe da separação de uma sede única de poder: naquilo que pode constituir a sua necessidade de heteronomia, necessidade que persegue a associação dos homens desde o princípio"(2).

O surgimento do Estado pode ser visto como a solidificação de uma dimensão já presente no seio da sociedade. É uma transformação tardia, uma exterioridade do fundamento social que uma sociedade busca ao dividir-se, ao procurar a origem de sua fundação(3). Nas sociedades livres, cujas regras são consensuais, isto é, naquelas em que havendo a percepção de que a posse comum das coisas incrementa não apenas a solidariedade entre os membros, mas muitas vezes a própria sobrevivência do grupo, não se verifica o surgimento do Estado, mas mesmo assim há uma opção que responde ao chamado *problema econômico.* Já nas sociedades complexas a dívida do sentido, que permite a modificação de uma economia fundada em determinada relação de poder para outra é baseada na criação de divisões que reforçam a existência de diferenças entre os membros.

Em nosso cotidiano somos incessantemente confrontados pela dúvida com relação à possibilidade de uma ordem social que permita uma melhor harmonização entre as necessidades e inclinações pessoais dos indivíduos de um lado e, de outro, as exigências feitas a cada indivíduo pelo trabalho cooperativo de muitos, pela

(1) GAUCHET, Marcel. *A dívida do sentido e as raízes do Estado — política da religião primitiva*. s. l., s.e, p. 51.

(2) *Ibidem.*

(3) *Ibidem.*

manutenção e eficiência do todo social[(4)]. As perturbações e tensões individuais podem ser expressas dentro das relações econômicas mantidas no agrupamento, na sociedade a que se pertence, repercutindo no fenômeno concorrencial. Esta repercussão, no entanto, pode se dar de forma natural e saudável quando respeitadas as regras postas pelo Estado ou de forma pouco legítima, quando baseada em comportamentos que burlem tais disciplinamentos.

As relações entre o Direito e a Economia remontam à própria origem do Direito. Quanto ao primeiro, se faz mister lembrar que os romanos asseveravam *ubi societas, ibi jus*, mas as sociedades sem Estado e sem o Direito dela decorrente revelam que nem sempre onde está a sociedade está o Direito, em acepção específica[(5)], o mesmo ocorrendo com as relações econômicas exteriorizadas no seio da sociedade. Definir o "quando", o momento em que um comportamento passa a ter importância diferenciada constitui o objeto de pesquisa de diferentes formas do saber social[(6)].

Assim, a ocorrência de fenômenos no campo social, político ou econômico nas diversas formas de expressão, mereceu, ao longo dos tempos, um tratamento jurídico. Mesmo nas expressões mais simples e rudimentares da sociedade já se verificava um esboço de ordem jurídica, o que nos permite inferir que mesmo sem propor o problema de seu significado lógico ou moral, o homem sempre viveu

---

(4) ELIAS, Nobert. *A sociedade dos indivíduos*. Rio de Janeiro: Jorge Zahar, 1994, p. 17.

(5) CORRÊA, Rossini. *Crítica da razão legal*. 2ª ed., Rio de Janeiro: América Jurídica, 2004, p. 4. "No mesmo sentido *Clastres* e *Gauchet* destacam existirem sociedades sem Estado, por alguns denominadas primitivas, por serem essas baseadas em tudo que está, na verdade, contra o Estado. Referidas sociedades primitivas são dominadas pela dimensão de exterioridade do fundamento através do qual a possibilidade do Estado adquire sentido e se mostra necessária. Seriam as sociedades primitivas, sociedades sem Estado na medida que o fundamento para o surgimento, para a colocação do próprio Estado encontra-se no seio da sociedade, havendo um esforço deste tipo de organização social em se afastar, em repelir o que lhe dá origem. Há formas de organização social em que as relações entre os indivíduos praticamente permanecem inalteradas ao longo do tempo, ao contrário de outras em que as tensões entre os integrantes do grupo determinam a conquista de monopólio de bens e valores sociais dos quais os outros indivíduos dependem, para sua proteção ou subsistência. A associação entre agentes em estruturas oligopolizadas de mercado leva os mesmos a exercer, portanto, a colocar em xeque a força física, como expressão de poder econômico. Como dispõe Elias, todo monopólio econômico, seja qual for sua natureza, direta ou indiretamente se liga a outro, sem o qual não consegue existir, que é justamente o monopólio da força física e de seus instrumentos".

(6) CORRÊA, Rossini. *Op. cit.*, p. 6.

o Direito[7]. De uma análise perfunctória de seus diversos campos como o Direito Civil, Comercial, Tributário, Penal e o Econômico, esses dois últimos diretamente ligados ao objeto de nossa análise, pode-se inferir que a norma jurídica traduz, na maioria das vezes, questões de conteúdo econômico[8].

Em qualquer campo da vida é natural que os indivíduos busquem ampliar suas atividades e maximizar seus fins[9]. No campo econômico, a idéia de concorrência é a que melhor reflete a intenção de que os agentes econômicos buscarão adotar comportamentos que mantenham ou reforcem suas posições num determinado segmento de atividade econômica, como forma de expressão de poder, o que é considerado pela doutrina liberal algo saudável e natural[10]. Mesmo que se considere inato ao indivíduo a busca por mais poder, muitas vezes ocorre a realização de acertos no intuito de impor um comportamento a outrem, repercutindo, de certa forma, em acordos com os próprios rivais quanto aos aspectos específicos de suas atividades, no intuito de inibir o ingresso de novos agentes que ameacem a parcela que cada um possui em determinado mercado. Para que esses acertos ocorram é necessário um cenário de imperfeições na concorrência. Nesse sentido, nem tampouco o modelo de concorrência pura ou perfeita[11] ou de monopólio puro, mas sim o que traz alguma insegurança é o aplicável para o objeto desta pesquisa. Não se pode negar, no entanto, a utilidade dos modelos de concorrência perfeita e o monopólio, como balizadores da existência de uma estrutura competitiva ou não, para auxiliar os estudiosos na percepção da realidade econômica que se está buscando entender. No estudo dessa realidade social, o foco de análise muitas vezes deixa de ser a competição[12], como mecanismo de

---

(7) REALE, Miguel. *Lições Preliminares de Direito.* 22ª ed., São Paulo: Saraiva, 1995, p. 2.

(8) Nesse sentido, veja-se didática abordagem feita por Washington Peluso Albino de Souza, *in Primeiras Linhas de Direito Econômico.* 4ª ed., São Paulo: LTr, 1993, p. 66 e ss.

(9) O que não significa necessariamente que tais fins sejam expressos necessariamente em maiores lucros ou incremento pecuniário. Como expressão de maior satisfação, por exemplo, pode-se inclusive ter um

(10) LEWINSOHN, Richard. *Trustes e Cartéis: suas origens e influências na economia mundial.* Porto Alegre: Ed. Livraria do Globo, 1945, p. 11.

(11) Nesse sentido, veja-se o trabalho de CHAMBERLIN, Edward Hastings. *Teoria de la competência.* Fondo de Cultura Econômica, Pánuco, México, 1946, e ROBINSON, J. *Economics of Imperfect Competition,* 1932.

(12) A definição de competição no dicionário Aurélio significa a busca simultânea por dois ou mais indivíduos de uma vantagem ou vitória; luta, desafio, rivalidade, o que nos

equilíbrio, passando para a concorrência, como processo dinâmico(13). Para tanto, serão examinados alguns modelos descritos na literatura econômica, partindo-se da abordagem da escassez, como elemento que identifica a utilidade econômica do bem, da necessidade de uma norma para disciplinar essa utilidade, seguindo-se a definição de mercado relevante para, logo após, verificar uma das formas de expressão de poder detido pelo agente econômico no mercado, o preço, como manifestação desse poder econômico.

A forma de atuação do Estado e de grupos empresariais, considerada adequada para atingir determinados fins, tal como a própria ciência econômica, sofre constantes modificações ao longo do tempo. No entanto, algumas condutas, como os cartéis, existem desde a antigüidade. Um dos fatores que sofreram alteração ao longo da história foi a sofisticação das formas de atuação destes cartéis. Para que se verifique a existência ou não de uma conduta anticompetitiva, a abordagem dos principais modelos microeconômicos que indicam a lógica econômica e a estrutura de cada mercado mostra-se importante e auxilia a compreensão da atribuição de um determinado tratamento jurídico específico aos cartéis transnacionais.

Para entender como se dá a relação entre Direito e Economia, conforme mencionado anteriormente, é necessário dominar os conceitos que são comuns a essas duas disciplinas. Alguns conceitos-chaves não poderiam ser trabalhados sem considerações específicas sobre seu conteúdo, tais como: escassez, mercado relevante, poder de mercado, preço e as estruturas de mercado, como concorrência perfeita, monopólio, concorrência monopolística, concorrência imperfeita e oligopólio.

1.2. A CONSTRUÇÃO DE UM QUADRO CONCEITUAL: ESCASSEZ, MERCADO RELEVANTE E PREÇO

1.2.1. A escassez

A norma jurídica retrata o valor que a sociedade atribui a determinados bens e sua aplicação visa dirimir os conflitos numa si-

---

leva a inferir que a preocupação da competição é com a existência de mais de um partícipe, haja vista a preocupação com o equilíbrio. Já com relação à concorrência, a preocupação não é com o equilíbrio, mas com a dinamicidade do processo, que pode levar, muitas vezes, a incidência maior de elementos de distorção do equilíbrio.

(13) Essa idéia de concorrência como processo dinâmico é explicada por CLARK, John. *A concorrência como Processo Dinâmico*. 2ª ed., Rio de Janeiro: Forense, s.d. A propósito, verifique-se o tópico que contempla a noção de concorrência praticável.

tuação em que o interesse de uma das partes não reste atendido, o que a Economia denomina de escassez. A escassez é um dos elementos-fatores a ditar a mudança no comportamento dos indivíduos, podendo propiciar a utilização de manobras abusivas por parte dos agentes econômicos de um dado setor de mercado. Mais que isso, a escassez é o próprio fundamento da Economia enquanto ciência que estuda o comportamento humano como uma relação entre os fins e os meios escassos que dispõem de usos alternativos[14].

A escassez leva os homens, dentro de uma perspectiva racional, a estabelecer formas específicas de alocação de produtos, bens ou riquezas, seja em virtude dos interesses econômicos, seja por força de disposições jurídicas, valores sociais ou políticos, estabelecidos para imprimir um ritmo diferenciado em determinado segmento de mercado[15].

1.2.2. A importância do conceito de mercado relevante

As relações econômicas ocorrem em um determinado local ao qual se atribui a denominação de mercado, cuja definição tem relevância na aplicação do direito da concorrência e, conseqüentemente, na análise de condutas consideradas anticompetitivas, como os cartéis transnacionais, haja vista que constitui o lugar onde os agentes manifestam seu poder de mercado de forma lícita ou valendo-se de comportamentos anticompetitivos.

O mercado e a propriedade privada dos meios de produção são os pilares das economias liberais, definindo a ciência econômica esse último como o lugar em que compradores e vendedores negociam a troca ou a venda de determinados bens ou serviços. Portanto, para que o mercado funcione de maneira adequada, a quantidade de bens e serviços negociados deve ter um certo equilíbrio, expresso na lei de oferta e da procura. A maior ou menor procura, assim como a maior ou menor oferta, repercutirá no preço do bem, enfim, no mercado.

O mercado pode ser considerado como o conjunto de oferta e demanda de um certo bem, postos em contato em um determinado

---

(14) ROBBINS, Lionel. *The Nature and Significance of Economic Science*, 1932.

(15) No modelo estabelecido pela Constituição Federal de 1988, o Estado brasileiro, por intermédio de determinadas políticas públicas pode conformar a realidade econômica para atingir objetivos específicos, em áreas correlatas, como a social, modificando a dinâmica natural dos mecanismos de mercado.

momento para gerar a troca expressa em preço[16], cenário em que as empresas externam seus comportamentos de cooperação ou rivalidade por intermédio de transações reais ou potenciais, podendo, em alguns casos, ocorrer uma substituição significativa nos produtos oferecidos ou procurados, caso haja algum incentivo para tanto, como, por exemplo, a repercussão em preços.

As transformações que se operam no cotidiano do comércio internacional, com a conseqüente influência no sistema concorrencial, tornam relativo, mas não inválido, o papel que o preço exerce na dinâmica entre os agentes por ser, sem dúvida, a pedra angular da economia capitalista. Tanto assim que os agentes podem se valer, como de fato se valem, de manobras anticompetitivas, modificando, não apenas a relação entre a oferta e a procura, mas também a própria estrutura, a parcela de mercado pela qual respondem, ampliando suas participações pelas distorções refletidas na quantidade do produto ofertado ou no preço final praticado.

A definição de mercado relevante[17] é tarefa essencial para se verificar a ocorrência ou não de ilícito por parte de um determinado agente econômico[18], consistindo em exercício analítico que inclui o espaço econômico e a possibilidade de exercício do poder de mercado, inclusive de seu eventual abuso[19]. Tal definição permite verificar a participação que um agente detém no mercado, em termos

---

(16) SIMÕES PATRÍCIO, J. *Direito da Concorrência: aspectos gerais.* Coimbra: Publicações Gradiva, 1982, p. 9.

(17) Como bem dispõe BRUNA, S. (*op. cit.*, p. 80 e ss.), "mercado relevante" constitui um anglicanismo, decorrente da tradução literal da palavra, cujo sentido, ao contrário de relevante, não é o de importante, mas sim o de pertinente ou correspondente. Como bem lembra o mencionado autor, a Lei n. 8.158/91, ao dar nova redação à alínea *d* do art. 74 da Lei n. 4.137/62, fez menção aos atos que "não impliquem eliminação da concorrência em parte substancial do mercado de bens ou serviços pertinentes". A propósito, veja-se POSSAS, Mario Luiz. "Os conceitos de mercado relevante e de poder de mercado no âmbito da defesa da concorrência". Trabalhos apresentados no II Seminário Internacional de Direito da Concorrência, *Revista do IBRAC*, São Paulo, vol. 3, n. 5, maio/96, pp. 82/102.

(18) A definição do mercado relevante é tarefa importante na determinação da parcela de poder de mercado detido pelo agente e, conseqüentemente, na sua capacidade de cometer ilícitos. Nesse sentido, veja-se a decisão prolatada pela autoridade européia envolvendo a *Continental Can Co. Inc.*, caso 6/72 (1973) ECR 215. No mesmo sentido, o caso *Flat Glass* (OJL 33/44), *Commom Law Report*, p. 159, 1992.

(19) POSSAS, Mario Luiz. "Os conceitos de mercado relevante e de poder de mercado no âmbito da defesa da concorrência". Trabalhos apresentados no II Seminário Internacional de Direito da Concorrência, *Revista do IBRAC*, São Paulo, vol. 3, n. 5, maio/96, p. 83.

percentuais, proporcionando uma idéia geral da concorrência em um determinado setor[20]. Mais que isso, a idéia de mercado relevante está intimamente ligada à de poder econômico detido pelo agente, conceito que será abordado mais adiante.

O mercado relevante é a expressão técnica utilizada no cotidiano do Direito da Concorrência para definir o lugar em que os agentes econômicos exercem de forma efetiva[21] seu poder de mercado. Sua origem está na jurisprudência norte-americana, em particular da aplicação do art. 1º, alínea 2, do *Sherman Act*, que trata do monopólio ou das tentativas de monopolização, sendo possível uma análise em três dimensões: a geográfica, a do produto e a temporal.

É importante destacar que a definição de mercado relevante, em se tratando de conduta, guarda certa diferenciação da delimitação adotada no controle de estruturas, ou seja, nos denominados atos de concentração[22]. O voto condutor proferido no caso que analisou a obtenção de vantagens ilícitas em licitação pública, denominado caso Microsoft/TBA[23], julgado pelo Conselho Administrativo de Defesa Econômica (CADE[24]), além de mencionar essa diferença, destaca a importância da definição de seus aspectos nas diferentes dimensões[25].

---

(20) Algumas legislações de defesa da concorrência modernas contemplam a definição de posição dominante, a qual entendemos contemplada no texto acima. O Tratado de Roma não conceitua essa figura, mas diversos julgados vêm esclarecendo o entendimento adotado pelas Cortes Comunitárias a respeito do tema. Nesse sentido, veja-se o paradigmático caso da Continental Can Co. Inc, caso 6/72 (1973) ECR 215 e o Acórdão Hoffmam-La Roche, de 13.2.1979, proc. n. 85/76, *in* CJTCE, p. 461. Neste último julgado, a propósito, o TJCE deixa claro que é dispensável a posição de monopolista para se deter posição dominante, considerando que detém tal qualidade a empresa que pode impedir a manutenção de concorrência efetiva em um determinado segmento da atividade econômica, por intermédio da adoção de comportamentos independentes de seus rivais, de seus clientes e consumidores.

(21) Standard Oil Co. of Califórnia and Standard Stations Inc., v. United States. Supreme Court of Justice, 337, U.S. 293, 299, S. CT. 1051, 93 L. Ed. 1371 (1949).

(22) Denominam-se Atos de Concentração os processos administrativos que verificam a incorporação de poder de mercado por parte de um determinado agente econômico no caso da lei brasileira — Lei n. 8.884, de 11 de junho de 1994.

(23) Processo Administrativo n. 08012.008024/98-49. Representante: SDE *ex oficio*; Representadas: TBA Informática Ltda. e Microsoft Informática Ltda. Relator: Conselheiro Roberto Augusto Castellanos Pfeiffer.

(24) Autoridade responsável pelo julgamento dos processos envolvendo condutas anticompetitivas no Brasil, conforme disposto na Lei n. 8.884/94, citada na nota anterior.

(25) Assim se expressa o Conselheiro-Relator, Roberto Pfeiffer, no julgamento do caso Microsoft/TBA: "Em hipóteses de infração à ordem econômica, o melhor método se

Como destacado no mencionado voto, essa diferenciação é adotada pela Comissão Européia desde 1997:

> O critério para definição do mercado relevante é geralmente aplicado à análise de certos tipos de comportamento no mercado e à análise de certos tipos de mudanças estruturais na oferta de produtos. Essa metodologia, no entanto, pode levar a diferentes resultados, dependendo da natureza da questão concorrencial que está sendo examinada. Por exemplo, o escopo do mercado geográfico pode ser diferente caso esteja-se analisando uma concentração, onde a análise é essencialmente prospectiva, ao invés de uma análise do comportamento passado. O diferente horizonte de tempo considerado em cada caso pode levar ao resultado de que diferentes mercados geográficos são definidos para um mesmo produto, dependendo se a Comissão está analisando uma mudança na estrutura de oferta, tal como uma concentração ou uma *joint venture*, ou se está examinando questões relacionadas a um certo comportamento passado[(26)].

1.2.2.1. Mercado relevante do produto ou do serviço

Na definição do mercado relevante do produto ou do serviço analisam-se os produtos ou serviços similares existentes, considerados passíveis de substituição por aqueles que procuram um determinado bem ou serviço. A análise da oferta e da procura é importante para essa definição, o que se expressa pela elasticidade cruzada dos bens e serviços, haja vista que pode indicar quais produtos encontram-se ou não dentro de um mesmo mercado.

Paradigmática é a decisão exarada pela Suprema Corte de Justiça norte-americana no caso *United States versus E.I. Du Pont de Nemours & Co.*[(27)] no que se refere à delimitação do mercado

---

baseia no exame de atos passados e nos efeitos já experimentados pelo segmento mercadológico, ao passo que, em fusões e aquisições, a boa técnica indica um método direcionado para possíveis e potenciais efeitos no futuro".

(26) The criteria for defining the relevant market are applied generally for the analysis of certain types of behaviour in the market and for the analysis of certain types of structural changes in the supply of products. This methodology, though, might lead to different results depending on the nature of the competition issue being examined. For instance, the scope of the geographic market might be different when analyzing a concentration, where the analysis is essentially prospective from an analysis of past behaviour. The different time horizon considered in each case might lead to the result that different geographic markets are defined for the same products depending on whether the Commission is examining a change in the structure of supply, such as a concentration or a joint-venture, or examining issues relating to certain past behaviour.

(27) U.S. v. E.I. Du Pont de Nemours 351 U.S. 377 (1956)

relevante do produto. A *E.I Du Pont de Nemours & Co* foi acusada de deter o monopólio do mercado de celofane. O Departamento de Justiça (DOJ), ao proceder à delimitação do mercado relevante do produto no processo o fez de maneira restritiva, considerando apenas mercado de papel celofane, levando em conta algumas propriedades únicas do produto e a existência de patentes e acordos de licença em favor da empresa. Acresceu-se a essas circunstâncias a obtenção de lucros elevados por parte da Du Pont no que se refere à venda do celofane e à existência de diferenças substanciais entre o celofane e os outros materiais de embalagem. A Du Pont, apesar das referidas diferenças, para descaracterizar o mercado relevante definido pelo DOJ, alegou elevada substitutibilidade entre o celofane e outros produtos, posição que foi conempresada pela Suprema Corte de Justiça ao reconhecer a concorrência e a substituição do celofane por outros materiais, considerando-os inseridos num mesmo segmento de produto, o que levou ao arquivamento do processo.

A decisão de arquivamento do processo pela Suprema Corte sofreu críticas consideráveis, passando a ser denominada pela doutrina como a "falácia do celofane", haja vista que o poder de mercado da Du Pont restou inalterado. O cerne da questão que foi considerar os preços praticados pela Du Pont como uma conseqüência de poder de mercado e não de sua inexistência, praticados ao nível monopolístico, mascarou o próprio exercício abusivo de poder de mercado, eis que se contemplou a presença de substitutos que na verdade não existiam. Ao considerar-se a elasticidade cruzada(28) nos preços como o melhor critério para analisar-se a substitutibilidade entre os produtos, portanto, descaracterizou-se o poder de mercado detido pela Du Pont, quando, na verdade, tal fato deveria ter reforçado sua existência, haja vista que a tendência da Du Pont no intuito de maximizar seus lucros estabeleceria seus preços em padrões superiores aos considerados competitivos, ou seja, acima dos custos marginais(29).

---

(28) O cálculo da elasticidade da demanda é feito pela divisão do percentual de mudança da quantidade de compra pelo de mudança de preço. Quando o resultado encontrado é superior a 1, há elasticidade, ou seja, os clientes são sensíveis a aumentos de preço. Em situações em que se verificam preços de monopólio a demanda não sofre alterações, ou seja, é inelástica. A elasticidade cruzada representa a possibilidade de maior ou menor substituição de um produto por outro em face da variação de preços.

(29) HOVENKAMP, Hebert. *Federal Antitrust Policy — The law of competition and its practice.* St. Paul: West Group, p. 103 e ss. Uma abordagem didática da questão é feita

Apesar do precedente Du Pont restar superado, não se pode negar seu caráter didático. No intituito de minimizar os erros que podem ser causados na definição de um mercado relevante, haja vista, como demonstrado acima, os reflexos podem implicar na própria descaracterização de uma conduta tipicamente anticompetitiva, as autoridades de concorrência ao redor do mundo têm recorrido, além da análise da elasticidade da demanda e da elasticidade cruzada da demanda, à aplicação de índices que demonstrem o grau de concentração de poder por parte de um determinado agente no mercado.

Para tanto, os cenários construídos tentam retratar o grau de concorrência verificado antes e após o cometimento da conduta anticompetitiva.

A lei brasileira, por exemplo, pressume a existência de posição dominante quando o agente detenha parcela igual ou superior a 20% de um determinado mercado. Para delimitar qualquer das dimensões do mercado relevante, de maneira a se verificar a potencialidade de exercício de poder em atividade cotidiana, as autoridades se valem do denominado Teste do Monopolista Hipotético[(30)], por intermédio do qual se verifica a possibilidade de um suposto monopolista impor e sustentar um pequeno, porém significativo e não transitório aumento de preços[(31)]. Esta utilização confere maior fidedignidade ao grau de substituição entre bens e serviços, iguais ou próximos, oriundos de localidades diversas, ou seja, os efeitos de um determinado comportamento anticompetitivo, no que tange aos preços e ao bem estar de um determinado número de indivíduos, verificando-se a possibilidade ou não do exercício de seu poder de mercado.

---

por BRUNA, *op. cit.*, p. 86. No mesmo sentido, veja-se também GOMES, Carlos Jacques Vieira. *Ordem Econômica Constitucional e Direito Antitruste.* Porto Alegre: Sergio Antonio Fabris Editor, 2004, pp. 157/158.

(30) A utilização do teste do monopolista hipotético é feita na abordagem antitruste em operações de concentração de mercado para verificar os efeitos do incremento de participação dos agentes e a potencialidade do cometimento de abusos. O Brasil vale-se dessa definição, como se verifica da Portaria Conjunta n. 50, de 1º de agosto de 2001 da Secretaria de Direito Econômico do Ministério da Justiça e da Secretaria de acompanhamento Econômico do Ministério da Fazenda, que buscou inspiração nos *Horizontal Merger Guidelines* norte-americanos, disponível em http://www.usdoj.gov/atr/public/guidelines/hmg.htm, acesso em 19.jan.2006.

(31) GHEVENTER, Alexandre. "A outra lâmina da tesoura: considerações sobre a oferta na definição do mercado relevante". *Revista do IBRAC,* São Paulo, vol. 5, n. 6, 1998, p. 45.

Com a medição do índice Herfindahl-Hirschman (HHI), é possível encontrar-se o grau de concentração de empresas a partir da soma dos quadrados das participações individuais de todas as empresas atuantes no mercado.

Reputa-se a existência de elevado grau de concentração quando o HHI é superior a 1.800, denotando o intervalo entre 1.000 a 1.800 uma concentração moderada e o índice inferior a 1.000 a ausência de concentração.

Além do HHI, é possível aferir a participação das empresas no mercado por intermédio do índice de concentração de empresas (C4), composto pela soma da participação dos quatro maiores agentes em determinado segmento de atividade. O poder de mercado do agente será considerado elevado quando o C4 for superior a 75%, sendo os percentuais inferiores, a princípio, tolerados.

1.2.2.2. Dimensão Geográfica do Mercado

No que se refere ao aspecto geográfico, a delimitação do mercado relevante vai permitir identificar o espaço em que os produtos ofertados são considerados como substitutos[(32)]. Na expressão da ex-conselheira do CADE, Neide Mallard[(33)], "o mercado relevante é o espaço da concorrência".

Esclarecedor é o conceito contemplado em decisão[(34)] exarada pelo Tribunal de Justiça Europeu (TJCE) nos termos do artigo 86 do Tratado, ao definir o mercado sob o aspecto geográfico. Primeiro porque contempla o entendimento do mercado sob o aspecto do produto ou serviço, considerando, para tanto, a existência de substitutos e a possibilidade de individualização por características par-

(32) KHEMANI, R. Shyam (org.). "Diretrizes para Elaboração e Implantação de Política de Defesa da Concorrência". São Paulo: Editora Singular, 2003, p. 51.

(33) Voto proferido no julgamento do Processo Administrativo n. 31/92, p. 10. Representante: Transauto, Transportes Especializados de Automóveis S/A.; Representada: Fiat Automóveis S/A., Relator: Conselheira Neide Teresinha Malard.

(34) Acórdão do Tribunal de Primeira Instância (Primeira Secção Alargada) de 21 de Outubro de 1997. — Deutsche Bahn AG contra Comissão das Comunidades Européias. — Concorrência — Transportes ferroviários de contentores marítimos — Regulamento (CEE) n. 1.017/68 — Acordos, decisões de associações de empresas e práticas concertadas — Posição dominante — Abuso — Multa — Critérios de apreciação — Princípio da proporcionalidade — Direito de defesa — Acesso aos elementos do processo — Princípio da segurança jurídica. — Processo n. T-229/94. *Colectânea da Jurisprudência 1997 página II-01689, in* http://curia.eu.int/common/recdoc/repertoire_jurisp/bull_cee/data/index_B-07_02_02_02.htm, *acesso em 24.set.2005.*

ticulares do produto ou serviço que o diferenciem de outros serviços ou bens a ponto de ser pouco intercambiável com eles e sofrer concorrência de maneira pouco sensível. Ainda de acordo com referida decisão, o grau de substitutibilidade entre produtos deve ser avaliado em função das características objetivas destes, bem como em função da estrutura da procura, da oferta no mercado e das condições de concorrência.

No que se refere à definição do mercado geográfico, para efeitos da aplicação do artigo 86 do Tratado, esclarece a decisão que não se exige que as condições objetivas de concorrência entre os agentes econômicos sejam perfeitamente homogêneas, mas unicamente que sejam "similares" ou "suficientemente homogêneas". Portanto, não podem ser consideradas como constituindo um mercado uniforme somente as áreas em que as condições objetivas de concorrência sejam "heterogêneas". Nesse sentido, como destacado no texto da própria decisão, um Estado-Membro pode constituir, por si só, uma parte substancial do mercado comum em que uma empresa pode deter uma posição dominante, e isto nomeadamente quando é titular nesse território de um monopólio legal.

Na delimitação do aspecto geográfico do mercado, a concorrência de produtos estrangeiros pode ser considerada dentro do mesmo contexto que a estrangeira, a partir do momento em que o ingresso de produtos fabricados em outros Estados, membros ou não da União Européia, iniba os agentes domésticos de aumentar de forma significativa e não transitória, seus preços.

1.2.2.3. Dimensão Temporal do Mercado

Outra dimensão para a delimitação do mercado diz respeito ao tempo de ingresso do produto naquela mercado para concorrer efetivamente com aqueles produzidos pelas empresas estabelecidas. Com efeito, a maior ou menor oferta do produto, num dado momento, pode influir, por exemplo, no custo de transporte do mesmo para outras regiões e no preço praticado no mercado pelas empresas estabelecidas, acentuando ou atenuando sua capacidade de exercer poder de mercado.

1.2.3. Poder de Mercado

Uma vez definido no mercado relevante, é imprescindível à análise antitruste avaliar a capacidade de um agente econômico de impor preços ou ainda a capacidade de influenciar ou modificar o comportamento de seus concorrentes, expressos pelos reflexos em preço e/ou nas quantidades ofertadas.

Define-se como poder de mercado a capacidade do agente econômico de aumentar de modo significativo os seus preços, acima de seu custo marginal, mantendo sua parcela de mercado[35].

A possibilidade de exercício de poder de mercado é tanto maior quanto mais extensas forem as imperfeições de um dado mercado. Considerando-se como possível a ocorrência de um regime de concorrência perfeita, poderíamos concluir que a atomicidade de agentes no mercado impossibilitaria que cada uma, de forma individualizada, influenciasse no preço ou na oferta global dos produtos ou serviços[36].

A existência de imperfeições no mercado faculta às empresas exteriorizarem seu poder de mercado, por intermédio da apropriação de excedentes, resultando em perda de bem-estar[37]. A expressão do poder de mercado será proporcional à participação do agente econômico que o detém[38].

Em mercados onde as empresas atuam ou podem atuar de forma cartelizada, a análise do poder de mercado dos agentes permite que as autoridades antitruste verifiquem se eles podem manipular alguns de seus elementos, como oferta do bem e o preço por ele cobrado, possibilitando ou reforçando o cometimento de condutas como os cartéis.

1.2.4. Preços

Nas relações de mercado, o preço é elemento que exerce grande influência no poder dos agentes econômicos. A maior ou menor

(35) Organisation for Economic Co-Operation and Development-OECD, *Competition and Economic Development,* Paris, 1991, p. 14.

(36) *Ibidem.*

(37) POSSAS, Mario. *Op. cit.*, p. 96.

(38) No voto condutor do Processo Administrativo de n. 08000.01533/94-48, Representante: SDE — *ex officio* e Representadas: Cia. Siderúrgica Nacional — CSN; Cia. Siderúrgica Paulista — COSIPA; Usinas Siderúrgicas de Minas Gerais — USIMINAS, conhecido como o "cartel do aço", o Relator do processo, Conselheiro Ruy SantaCruz destacou a importância da avaliação de poder de mercado na análise de práticas horizontais e sua imediata pertinência com a delimitação do mercado relevante.

expressão do valor de um bem, orienta as relações econômicas e exerce influência na dinâmica concorrencial, ditada pelas variações na oferta e procura.

Os agentes que adotam um comportamento colusivo não necessariamente se preocupam com o preço final, mas podem adotar fórmulas para o reajuste de preços[39], acordos de manutenção de preços relativos entre produtos diferenciados, acordos para eliminação de descontos uniformes ou proibição de redução de preços sem a prévia notificação ao órgão controlador do cartel. Tais acordos, além de tornarem mais factível o alcance dos fins nocivos, dificultam a identificação da conduta colusória.

1.2.5. Preço como expressão de poder

Nas sociedades capitalistas, os agentes econômicos sempre buscarão maximizar o lucro de suas atividades, direcionados pelo comportamento individualista e racional, de sorte que suas decisões sobre a alocação de recursos escassos acabam por gerar eficiências para o sistema econômico. Nesse tipo de sociedade, não existe uma compatibilização imediata entre o que é produzido e a necessidade de consumo, o que viabiliza o surgimento de bens destinados a troca, denominado pela ciência econômica como excedente, possibilitando o incremento de poder através do ganho adicional pela venda dos bens direcionados a tal fim.

O relacionamento entre as quantidades ofertadas e procuradas de um determinado produto no mercado rege-se de certa forma por uma premissa lógica de que o preço[40] dos bens no mercado varia em relação diretamente proporcional à intensidade da procura

---

(39) No julgamento do cartel do aço, citado anteriormente, verificam-se percentuais diferenciados adotados pelas três partícipes para cada um dos produtos, o que resultou em preços próximos, mas não idênticos, conforme se verifica de tabela constante de fls. 18 do voto condutor. No caso do cartel da ponte aérea, o percentual de 10% foi adotado por todas as empresas, como consta em tabela elaborada pela Secretaria de Acompanhamento Econômico do Ministério da Fazenda (SEAE/MF), a fls. 622 do Processo Administrativo n. 08012.000677/99-70. Processo Administrativo de n. 08012.000677/1999-70, Representantes: Secretaria de Direito Econômico do Ministério da Justiça e Secretaria de Acompanhamento Econômico do Ministério da Fazenda; Representados: Viação Aérea Rio Grandense — VARIG S/A; Transportes Aéreos Regionais S/A. — TAM, TRANSBRASIL Linhas Aéreas e Viação Aérea São Paulo S/A. e outros. Relator: Conselheiro Thompson Andrade.

(40) SALOMÃO FILHO, *op. cit.*, p. 43 destaca o preço como o instrumento fundamental do mercado, verdadeira representação da "mão invisível" de *Adam Smith*.

respectiva (utilidade) e inversamente proporcional à quantidade ofertada (escassez), o que se convencionou chamar em economia de "lei da oferta e da procura". De acordo essa lei, o preço dos bens no mercado varia em relação diretamente proporcional à intensidade da procura respectiva e inversamente proporcional à quantidade ofertada. A curva de demanda é representada por uma reta decrescente, pois à medida que cresce a quantidade de um determinado bem ofertado, menor será o preço por ele cobrado, o que terá implicações na elasticidade-preço da demanda, o que torna necessária a conceituação de elasticidade e de equilíbrio, haja vista que a presença ou não dessas características repercutirá na oferta dos bens e na percepção da existência ou não de bens substitutos:

1. **Elasticidade** — A elasticidade pode ser conceituada como a proporção relativa em que variam os preços à medida que ocorrem oscilações na oferta ou na procura de um determinado bem. A conceituação é importante quando são analisadas questões concorrenciais relacionadas à aquisição ou incremento de poder econômico, haja vista que maior ou menor elasticidade pode denotar maior ou menor possibilidade de incremento dos ganhos pelos agentes instalados em um determinado segmento, diante da pouca ou ausente existência de contestação de sua condição no mercado(41).

A situação que reflete a idéia de elasticidade unitária indica que a variação nos preços ocorre na mesma proporção que nas quantidades ofertadas ou procuradas, o que nos induz à idéia de equilíbrio, considerando constantes todas as demais variáveis.

2. **Equilíbrio** — A idéia de equilíbrio leva à noção tradicional de concorrência por pressupor uma ação desenvolvida por um grande número de competidores, atuando de forma livre no mercado de um mesmo produto, em que a igualdade de condições entre os agentes, tanto compradores, quanto vendedores, os impede de influir no preço dos bens ou serviços(42). As variações no equilíbrio podem ser expressas em

(41) Nesse sentido, veja-se BRUNA, Sergio V. *O Poder Econômico e a Conceituação do Abuso em seu Exercício*, p. 20 e ss.

(42) Essa é a idéia de concorrência da Professora Isabel Vaz, *in Direito econômico da concorrência*, 1ª ed., Rio de Janeiro: Forense, p. 27.

modelos econômicos que retratam os regimes de mercado, sendo a possibilidade de ditar preços uma das formas, senão a mais importante, de expressão de poder econômico[(43)], conforme se verá a seguir.

Quando os agentes dispõem de poder de mercado tornam-se ávidos para exercê-lo, visando não apenas assegurar, mas também reforçar seus ganhos. A condição extrema em que um agente pode tentar obter lucro é a situação de monopólio, o que indica a necessidade de construir-se conceitos sobre as estruturas de mercado.

1.3. CONSTRUÇÃO DE CONCEITOS SOBRE ESTRUTURAS DE MERCADOS

A ocorrência de distorções na dinâmica concorrencial torna-se mais factível em determinadas estruturas de mercados. Para analisar as diversas possibilidades de atuação conjunta dos atores e de respostas do Estado aos comportamentos que ofendam valores tutelados pelo ordenamento jurídico, é necessário conhecer as estruturas de mercado, tais como a concorrência perfeita, o monopólio e a concorrência imperfeita, que inclui o oligopólio e a concorrência monopolística.

1.3.1. Concorrência Perfeita

O regime de concorrência perfeita[(44)] é aquele em que cada bem reflete o preço de seu custo de produção, obtendo os produto-

---

(43) De acordo com SALOMÃO FILHO, C., *op. cit.*, p. 74 — principal forma de manifestação do poder econômico nos mercados está na faculdade (poder) de aumentar preços através da redução da oferta de bem ou serviço. Destaca o referido autor, citando Pitofsky (New definitions of the relevant market and the assault on antitrust, in Columbia Law Review 90 (1990), p. 1805 (1811), que a definição teoricamente mais correta de poder de mercado não é a possibilidade de aumentar os preços, mas sim a possibilidade de escolher entre essas diferentes alternativas: grande participação no mercado e menor lucratividade ou pequena participação e maior lucratividade.

(44) CHAMBERLIN, *op. cit.*, p. 125 e ss. e BARRE, Raymond. *Manual de Economia Política.* Rio de Janeiro: Fundo de Cultura, 1970, p. 13 mencionam a existência de diferenças entre o regime de concorrência pura, ou seja, a livre de qualquer elemento de monopólio, e o de concorrência perfeita. A concorrência pura pode ser definida como aquela em que há atomicidade de agentes no mercado, multiplicidade de produtores de um bem homogêneo e liberdade de acesso nos mercados. Com relação à concorrência perfeita, entende necessária a presença de outros elementos como a mobilidade dos fatores de produção e perfeito acesso a informações relativas ao mercado, destacando

res e vendedores o ganho suficiente para manter seu investimento. *Fábio Nusdeo*[45] assevera como características essenciais do regime de concorrência perfeita:

1. **Atomicidade**[46] — atributo que pressupõe a existência de muitos compradores e vendedores dispostos no mercado, de forma que cada um deles detenha parcela pouco significativa, que não lhe permita influir no processo de formação dos preços, seja manipulando-os diretamente, seja através do controle da quantidade de produtos oferecidas. Assim, o regime de concorrência perfeita se caracteriza pela ausência de poder por parte dos agentes econômicos que são meros tomadores de preço *(price takers)*. A ação isolada de cada agente tem efeito irrelevante sobre o comportamento dos demais, o que os leva a praticarem preços competitivos, adequando-os aos respectivos custos de produção. Os produtores, portanto, tenderão a oferecer o máximo de quantidade compatível com o seu custo marginal[47], deixando de produzir quando o preço de mercado ficar abaixo do custo marginal[48].

2. **Informação perfeita** — é outra característica da concorrência perfeita, que indica a simetria de informações pelos agentes que detêm informações amplas e irrestritas, de maneira rápida e eficiente sobre um determinado segmento de mercado. Assim, permite que os consumidores possam distinguir

---

a possibilidade de introdução de qualquer outro elemento que se considere útil para o desenvolvimento do modelo. No entanto, como já mencionado, analisaremos apenas o modelo de concorrência perfeita, máxime por abranger todos os elementos da concorrência dita pura.

Veja-se também STONIER, Alfred W.; HAGUE, Douglas C. *Teoria Econômica*. Tradução e prefácio de Cássio Fonseca. 5ª ed., Rio de Janeiro: Zahar, 1967, pp. 141-145.

(45) NUSDEO, Fabio. *Curso de Economia: introdução ao direito econômico*, 3ª ed. rev. e atual. São Paulo: RT, 2001, p. 263. VAZ, Isabel, *op. cit.*, p. 27.

(46) A mobilidade de fatores de ingresso ou permanência num determinado setor de atividade, ou seja, a ausência de barreiras à entrada é fator que deve ser considerado em conjunto com a atomicidade de agentes.

(47) De forma didática, o conceito "marginal" pode ser definido como a variação na utilidade total que significa o acréscimo de uma variável, seja o custo ou receita em decorrência da variação da quantidade. O custo marginal corresponde a uma variação do custo total proporcionada por uma variação da quantidade produzida e receita marginal. A variação da receita total resulta numa variação da quantidade produzida e comercializada. Nesse sentido, veja-se VARIAN, Hal. R. *Microeconomia: princípios básicos*. Tradução da 2ª ed. de Luciane Melo. Rio de Janeiro: Campus, 1994, p. 399.

(48) NUSDEO, Fabio. *Op cit.*, p. 264.

entre os diversos tipos de bens ou serviços ofertados, efetuando escolhas mais racionais, enquanto os produtores, a partir do acesso a informações, possam incrementar ou não a margem de lucro, minimizando as falhas na utilização de insumos envolvidos em um determinado processo produtivo.

3. **Livre ingresso no mercado** — Os mercados de concorrência perfeita ainda se caracterizam pelo livre ingresso que os agentes a eles têm, eis que podem ingressar ou sair desses tipos de mercado a qualquer tempo, sem que incorram em custos irrecuperáveis. As empresas já estabelecidas não têm capacidade de impedir o ingresso de um novo partícipe, que pode facilmente obter as condições necessárias para se instalar e com elas competir. Essa característica torna impossível nesse mercado qualquer tentativa de manobras que impliquem oferta de menores quantidades de produtos, no intuito de aumentar os preços.

4. **Ausência de externalidades** — Aponta-se também como uma característica dos mercados de concorrência perfeita a ausência de externalidades, haja vista que atividade econômica pode gerar custos e benefícios que não são compensados pelos agentes econômicos nela envolvidos, gerando distorções na oferta e procura dos bens ou serviços. No modelo de concorrência perfeita, as externalidades são consideradas inexistentes, pois são absorvidas por quem demanda o produto ou serviço[(49)].

5. **Homogeneidade dos produtos** — Uma outra característica dos mercados de concorrência perfeita é a homogeneidade dos bens produzidos pelas empresas instaladas, ou seja, não são diferenciáveis, o que impossibilita a divisão ou segmentação do mercado.

6. **Mobilidade dos fatores de produção** — Um dos fatores característicos dos mercados de concorrência perfeita é a mobilidade dos fatores de produção, onde capital e trabalho podem migrar facilmente, diante da ausência de barreiras à entrada.

No modelo de concorrência perfeita, o mercado é atomizado, ou seja, composto por uma multiplicidade de comprado-

---

(49) HYLTON, KEITH. *Antitrust Law — Economic Theory & Common Law Evolution,* Cambridge: Cambridge University Press, 2003, p. 7.

res e vendedores que comercializam produtos idênticos sem capacidade de influir nos preços praticados pelos outros agentes. Cada um buscará obter a melhor alocação de seus recursos. Nesse sentido, caso exista procura por uma quantidade superior de bens do que a colocada pelo agente no mercado, haverá novos pedidos, com conseqüente repercussão nos preços e possível incremento na produção(50). Diante da elasticidade da demanda(51), o produtor não teria incentivos para provocar oscilações nos preços de seus produtos. Sendo os preços ditados pelo mercado, cada vendedor é um tomador de preços *(price taker)* que oferecerá o máximo de quantidade compatível com seus custos, até o ponto em que o custo marginal da produção dos bens ou serviços que oferta se iguale ao valor de sua receita marginal.

Nesse momento, a análise do modelo competitivo não é diferente do modelo monopolista tendo em vista que neste último, como se verá, a situação também indica o equilíbrio na intersecção das curvas de custo e receita marginais. A diferença consiste no fato de que para o competidor o preço é o atribuído pelo mercado, enquanto para o monopolista depende da previsão da quantidade por ele ofertada(52).

1.3.2. Monopólio

Em algumas situações apenas uma empresa é a ofertante de produtos ou serviços em um determinado mercado. Tal situação é o extremo da concorrência perfeita, configurando hipótese de monopólio.

A palavra monopólio, do grego *monopôlion*, composta por *monos*, que significa só e *pôlein*, "venda por um só(53)", corresponde à situação em que apenas uma empresa se apresenta como ofertante de um dado produto. O agente monopolista tem total domínio sobre o preço e as quantidades que produz.

---

(50) Nesse sentido, SAMUELSON, Paul A., *Introdução à análise econômica*, tradução de Luis Carlos do Nascimento e Silva, Mc Graw-Hill Book Company, 7ª ed., Rio de Janeiro: Editora Agir, vol. I, pp. 65-71.

(51) A curva da demanda individual no mercado competitivo puro é horizontal, hipótese em que a tentativa de venda de produtos a preços mais elevados se mostra infrutífera.

(52) Nesse sentido, CLARK, John Maurice. *A Concorrência como Processo Dinâmico.* 2ª ed., Rio de Janeiro: Forense, 1966, p. 17.

(53) VAZ, Isabel, *op. cit.*, p. 34.

A maximização do lucro ocorre justamente quando o monopolista oferece uma quantidade de bens que lhe permita a maior obtenção de lucro(54).

O monopólio puro(55) pressupõe que o vendedor seja único, não enfrentando a concorrência de qualquer outro, o que confere ao monopolista considerável poder(56). Como única vendedora de um determinado produto, a empresa que oferece os produtos ou serviços utiliza de forma ampla seu poder, inclusive para influenciar no preço praticado como formadora de preços *(price-maker)*(57). Para o monopolista, ao contrário do que se verifica no modelo de concorrência perfeita, a curva de demanda não é de elasticidade infinita. A curva de procura de um segmento caracterizado como monopólio, é a de demanda do mercado, por ser ele o responsável por seu atendimento integral(58).

Como no modelo competitivo, o monopolista maximiza seus lucros quando há o encontro das curvas de receita e custo marginais. Para o competidor individual, o preço competitivo é ditado pelo mercado, uma vez que a curva de receita marginal é idêntica à de demanda(59). Para o monopolista, ao contrário, a curva de receita marginal e a de custo marginal se encontram à esquerda da interseção da de custo marginal com a da demanda. A partir desse momento, o monopolista não aumentará a quantidade ofertada do produto ou serviço, haja vista que implicaria hipótese de redução de ganho. A fixação de preços nesse cenário, considerado como o de preços monopolísticos, gera uma ineficiência alocativa denomi-

---

(54) Ou seja, no momento em que a receita marginal é igual ao custo marginal.

(55) Como assevera SALOMÃO FILHO, *op. cit.*, p. 124 a teoria do monopólio não se aplica exclusivamente àquelas empresas que detêm 100% do mercado, mas, também, àquelas situações em que um dos produtores detém parcela substancial do mercado e seus concorrentes são todos atomizados, de tal forma que nenhum deles tem qualquer influência sobre o preço de mercado.

(56) Tal colocação não permite inferir que expressões empresa monopolista e empresa com posição monopolista sejam idênticas, como bem adverte Paula Forgioni, *in Fundamentos do Antitruste*, São Paulo: Revista dos Tribunais, 1998, p. 267.

(57) STONIER, A.V.; HAGUE, D.C., *op. cit.*, p. 188.

(58) A elasticidade cruzada é igual a zero. Nesse sentido, veja-se HOVENKAMP, H. *Federal Antitrust Policy — The Law of Competition and its practice.* 2nd. Edition. West Group, St.Paul, 1999, p. 12.

(59) Para o monopolista, portanto, o lucro máximo é obtido quando o custo de produzir uma unidade adicional (custo marginal) for igual à receita derivada da venda de mais uma unidade do bem (receita marginal).

nada perda de peso morto *(dead-weight loss)*. Como se vê, o monopolista tem condições de ditar o lucro que irá auferir praticando preços supracompetitivos, deixando um determinado grupo de consumidores privados do produto ou serviço por ele oferecido, o que indica a ausência de preocupação com a distribuição social da produção ou do lucro. O *dead-weight loss*, portanto, é formado exclusivamente pela perda social consistente no montante de recursos que não ficam com os consumidores nem são transferidos à empresa monopolista, sendo apenas desperdiçados(60).

Outra preocupação que tem sido destacada pela doutrina diz respeito ao destino do faturamento extra, obtido pelo monopolista em função de sua posição no mercado. Quanto maior ele se apresenta mais se vale o monopolista de sua utilização para reforçar sua posição(61), por intermédio de comportamentos que impliquem discriminação de preços ou em monopólio discriminatório(62).

Uma conduta não rara praticada pelo monopolista é a discriminação de preço, vale dizer, a cobrança de preços diferenciados sobre a venda de um mesmo produto a compradores distintos(63). A possibilidade de cobrança de valores supracompetitivos, via de regra, permite o reforço do poder de mercado do monopolista pelo incremento ou criação de barreiras à entrada(64), empecilhos

---

(60) V.P. SALOMÃO FILHO, Calixto. *Direito Concorrencial — as estruturas*. São Paulo: Malheiros, 1998, p. 124 e ss. que considera o *dead-weight loss*, a destinação dos recursos transferidos e o desestímulo à inovação e à melhoria da eficiência como as conseqüências mais nocivas dos monopólios ao direito antitruste.

(61) POSNER, R. F. *in The law and economics of antitrust*, Chicago-London: The University of Chicago Press, 1976, p. 12 foi o precursor de tal posicionamento.

(62) No Processo Administrativo de n. 0800.0022579/97-05, no qual constam como Representante Messer Grieshem do Brasil Ltda. e como Representada S/A. White Martins, julgou-se as manobras de açambarcamento de matéria-prima por parte desta última empresa no mercado de dióxido de carbono (CO2) que por deter mais de 70% do mercado de gases para fins hospitalares e industriais impossibilitou o ingresso de novos partícipes no segmento exercendo seu poder de mercado acima da cadeia produtiva, comprometendo o acesso das concorrentes às fontes de matérias-primas que adquiria para desenvolvimento de gases e simplesmente jogava fora o excedente.

(63) STONIER, A. W.; HAGUE, D.C., *op. cit.*, p. 197.

(64) De acordo KHEMANI, R.S. e SHAPIRO, D.M. *Glosario de Términos Relativos a La Economia de las Organizaciones Industriales y a las Leyes sobre Competência.* Washington: World Bank, OECD, 1996, p. 3. As barreiras à entrada são fatores que impedem ou inibem a entrada de novas empresas em um determinado segmento mesmo quando as empresas já instaladas estejam auferindo lucros supracompetitivos. São consideradas barreiras estruturais (inocentes ou econômicas) derivam das características industriais básicas como tecnologia, custos e demanda. Há diferenças de defini-

naturais ou artificiais[65] ao ingresso de novos agentes no segmento e garantem muitas vezes a obtenção de lucros de monopólio[66].

Tal como ocorre no monopólio, a reunião dos agentes em cartel permite a manipulação dos preços e da distribuição da produção, resultando em inevitável perda de bem estar social, em razão do engendramento do preço e das quantidades ofertadas.

Na realidade, o monopólio e a concorrência não são situações excludentes[67]. Há momentos em que a concorrência pode subsistir na presença do monopólio, gerando estruturas intermediárias a de monopólio e concorrência perfeita.

1.3.3. Concorrência imperfeita

A realidade do mercado é pouco parecida com a situação descrita no cenário de concorrência perfeita, em virtude da presença de elementos distorcivos, denominados falhas de mercado, tais como barreiras à entrada, as externalidades, as assimetrias de informação e os direitos de propriedade, que podem impedir a alocação eficiente de recursos, tal como ocorre no modelo de concorrência perfeita, gerando cenários com maiores ou menores distorções. Na

---

ção doutrinária das barreiras. Joe Bain sugere que as barreiras à entrada derivam da diferenciação entre produtos, vantagens absolutas sobre os custos das empresas já estabelecidas e economias de escala. Uma definição mais estrita de barreiras à entrada é dada por George Stigler, ao defini-las como aquelas em que uma empresa entrante incorre e que não existem para as já estabelecidas, excluindo as economias de escala como barreiras.

(65) As barreiras naturais são inerentes à atividade e decorrentes das características do mercado. Nesse sentido, na aplicação do direito antitruste, devem ser analisadas à luz da regra da razão, eis que qualquer outro juízo de valor seria preterir o agente que tem a seu favor a presunção de licitude de seu comportamento, decorrente em nosso sistema da própria presunção de inocência (art. 5º, LV, CF/88).

Destaca SALOMÃO FILHO, *op. cit.*, p. 156 como exemplo de barreira natural as economias de escalas geradas por agentes que possuam participação relevante num dado mercado, haja vista que não poderiam ser geradas pelos concorrentes de menor porte. A consideração da ilicitude *per se* de tal barreira representaria uma proteção ao concorrente e não a concorrência, haja vista que as eficiências geradas pela economia de escala podem ser colocadas em favor dos consumidores.

As barreiras artificiais, no presente momento, são consideradas aquelas colocadas pelo próprio agente para impedir o ingresso de concorrentes no mercado.

(66) HOVENKAMP, H. *Op. cit.*, p. 39. O autor, ao fazer essa assertiva, refere-se à aplicabilidade das barreiras em situações de concorrência imperfeita, possibilitando o reforço de sua utilização por um agente econômico o alcance de lucros de monopólio.

(67) CHAMBERLIN, Edward H., *op. cit.*, pp. 17 e 20.

verdade, a maior parte dos mercados caracteriza-se pela competição imperfeita. Destacam-se, entre esses, os monopólios e os oligopólios, considerados importantes para iniciar-se o estudo dos modelos de competição existentes no mercado, haja vista que encontram-se inseridos no intervalo entre esses dois extremos, não se vislumbrando mercados de concorrência perfeita. Com efeito, a ocorrência de práticas anticompetitivas torna-se mais factível em mercados dominados por altas barreiras à entrada.

O fato de a empresa exercer um grau de influência elevado na venda de um determinado produto que lhe atribua uma margem de autonomia considerável para a colocação do produto no mercado, seja no que se refere ao preço, seja com relação à quantidade, não significa que ela detenha monopólio absoluto, o que merece atenção das diversas autoridades antitruste ao redor do mundo[(68)], diante da possibilidade da verificação dos cartéis em determinadas situações e de sua ausência em outras situações com pequenas diferenciações.

A disputa entre as empresas em mercados cada vez mais internacionalizados, reforçada pelo fenômeno da globalização, ocorre como a própria evolução da espécie humana: há empresas melhor adaptadas a algumas regiões, que têm acesso mais facilitado a matérias-primas e insumos, que conquistam de forma mais eficiente e eficaz o consumidor. A distorção de um ou vários elementos entre os competidores os levará a uma disputa não eqüitativa, gerando cenários de imperfeição[(69)].

A expressão concorrência imperfeita foi utilizada pela primeira vez por *Joan Robinson* em sua “The Economics of Imperfect Competition”, publicada em 1933. Nesse ano, *Chamberlin* também pública sua “The Theory of Monopolistic Competition” e dedica um capítulo para contestar a inconveniência da expressão “concorrência imperfeita” para descrever o fenômeno da competição nos mercados em questão e a preferência pela expressão concorrência monopolística[(70)].

---

(68) HOVENKAMP, H. *Op. cit.*, p. 36.

(69) Como estabelecem STONIER, A. e HAGUE, D. *Teoria Econômica*, Tradução de Cássio Fonseca, Rio de Janeiro: Zahar Editores, 1967, p. 187, a expressão concorrência imperfeita abrange todas as situações em que não existe nem concorrência pura nem monopólio puro.

(70) Também se torna interessante a leitura de outra obra de Joan Robinson, *Contribuições à Economia Moderna,* Tradução de Waltensir Dutra, Rio de Janeiro: Zahar Edito-

Para *Robinson*, o cenário de concorrência mais encontrado no mercado não se aproximava do modelo de concorrência perfeita. Os consumidores têm preferências por produtos e serviços, mas não se descarta a possibilidade de buscarem substitutos que embora não idênticos, satisfaçam suas necessidades. Na verdade, a grande maioria dos produtores em um mercado de concorrência imperfeita, produz mercadorias muito semelhantes às fabricadas por seus rivais.

A análise do denominado oligopólio e de um mercado de concorrência monopolística, mostra-se útil por aproximar o cenário de ocorrência de cartéis, tema principal desta pesquisa.

1.3.4. Concorrência Monopolística

Em boa parte dos mercados, existem diversas empresas produzindo bens ou oferecendo serviços muito semelhantes, mas não iguais aos de seus concorrentes. A diferenciação entre os produtos faz com que cada empresa, ao criar o seu, obtenha um poder limitado de monopólio(71).

Para *Chamberlin*, a concorrência efetiva, ou seja, aquela encontrada na prática, dificilmente é livre de elementos de imperfeição(72), pois os mercados são mais ou menos imperfeitos e os preços nele praticados tendem ao ponto de equilíbrio, sem ser exatamente com ele coincidentes.

---

res, 1979, pp. 198 a 214, oportunidade em que a i. economista, face às críticas recebidas, destina um capítulo, intitulado "Concorrência Imperfeita Reexaminada" com o propósito de aperfeiçoar as suposições formuladas em *The Economics of Imperfect Competition* acerca da análise dos problemas dos preços, produção e distribuição, como se verifica de sua primeira nota de final de capitulo:

"Quero valer-me desta oportunidade para dizer que nunca pude compreender a natureza da distinção entre concorrência imperfeita e monopolista, a que o Professor Chamberlin atribui tanta importância (Cf. *Monopolist Competition Revisited*, Econômica, novembro de 1951). Parece-me que, quando tratamos das mesmas questões, em nossos respectivos livros, e fizemos as mesmas suposições, chegamos aos mesmos resultados (excetuados os erros e omissões). Quando tratamos de questões diferentes, naturalmente, fizemos suposições diferentes. Sob muitos aspectos, as suposições do Professor Chamberlin foram mais interessantes que as minhas, em particular as relacionadas com o oligopólio e a diferenciação de produtos como processo dinâmico."

(71) *Idem*, p. 21.

(72) No julgamento do processo administrativo de n. 08012.08012.008024/98-49 (Representante: SDE *ex oficio*; Representadas: TBA Informática Ltda. e Microsoft Informática Ltda. Relator: Conselheiro Roberto Augusto Castellanos Pfeiffer), apesar de contemplar o cometimento de uma conduta vertical traz considerações importantes sobre o denominado duplo monopólio no segmento de *softwares* e caracterizado como de concorrência monopolística.

A diferenciação de produtos, a existência de um grande número de vendedores, competição via preços trazem para a concorrência monopolística elementos de concorrência perfeita e de monopólio, simultaneamente. Assim, a intensidade da disputa é diretamente proporcional ao número de concorrentes e inversamente proporcional ao grau de diferenciação de produtos[(73)].

Embora conserve algumas características do modelo de concorrência pura, como o número elevado de compradores, a concorrência monopolística[(74)] caracteriza-se, portanto, pela presença de vários produtores que colocam no mercado produtos com determinado grau de diferenciação, o que não impede, no entanto, que sejam substituídos por bens próximos. No processo de formação de preços na concorrência monopolística os produtores não se sentem obrigados a adotar o mesmo comportamento de seus concorrentes, como se verifica no modelo de concorrência perfeita, pois as condições monopolísticas permitem a cada competidor a maximização de lucro, principalmente, por meio de estratégias de diferenciação do produto.

Além dessa estratégia, uma empresa em concorrência monopolística pode valer-se da prática de preços mais baixos para criar uma clientela de compradores, caso em que os preços serão determinantes da procura[(75)].

As empresas inseridas num cenário de concorrência monopolística, portanto, são tomadoras de preço *(price takers)*. Os produtos ofertados por uma determinada empresa apresenta características que tendem a diferenciá-lo dos fabricados pelas outras empresas instaladas no segmento, inclusive por intermédio da utilização de patentes. Por isso, os preços praticados, via de regra, situam-se um pouco abaixo dos praticados pelas rivais, a não ser que a diferenciação dos produtos, o baixo nível de competidores e o investimento em propaganda indiquem a possibilidade de adoção de preços superiores, fatores que aliados à existência de outras empresas produzindo bens ou serviços próximos, considerados substitutos[(76)], introduzem elementos de concorrência no seg-

---

(73) *Idem*, p. 39.

(74) CHAMBERLIN, E., *op. cit.* p. 101 e ss.

(75) CLARK, John M., *op. cit.*, p. 19.

(76) As diferenciações entre os produtos podem ser reais ou presumidas. As reais verificam-se quando os produtos considerados substitutos possuem diferenças intrínsecas, como princípios ativos, qualidade da matéria-prima etc. As diferenças são presumidas quando decorrem de esforços feitos em publicidade e embalagem, por exemplo.

mento[77]. Diversos elementos da concorrência monopolística, inclusive à fixação da marca como diferenciação dos produtos, são verificados no julgamento do caso envolvendo *American Tobacco Co. et al. versus* U.S. 328 U.S. 781[78].

Pode-se concluir que, nessa estrutura de mercado, há uma margem de liberdade para fixação do preço e da quantidade ofertada. Todavia, a elevação excessiva do preço, ou a limitação desproporcional da quantidade pode fazer com que os consumidores migrem para outros produtos, apesar dos esforços de diferenciação.

1.3.5. Oligopólio

O oligopólio é um outro tipo de estrutura de mercado que possibilita às empresas adotar um comportamento semelhante ao do monopólio.

Enquanto o monopólio remete à idéia de um único vendedor, o oligopólio é caracterizado pela presença de poucas empresas (*oligos* = pouco + *polein* = vender), geralmente de grande porte.

Há uma interdependência entre os comportamentos das empresas oligopolistas. Nesse sentido, os produtos ou serviços ofertados pelas empresas oligopolizadas são homogêneos ou levemente diferenciados, o que permite maior substitutibilidade entre eles[79]. As mudanças incorporadas a um produto por uma das empresas do oligopólio, agregando-lhe melhor qualidade ou investimentos em publicidade, geralmente acompanhados pelas demais empresas do segmento no intuito de manterem suas parcelas no mercado.

A interdependência entre as empresas oligopolistas também ocorre na definição da política de preços, volume de vendas e estratégias promocionais, vale dizer, em tudo que implique diferen-

---

(77) ROSSETI, José Paschoal. *Introdução à Economia*. 8ª ed., São Paulo: Editora Atlas, 1980, p. 283.

(78) *Op. cit.*

(79) Bastante esclarecedores são os votos proferidos no cartel da ponte aérea (Processo Administrativo de n. 08012.000677/1999-70, Representantes: Secretaria de Direito Econômico do Ministério da Justiça e Secretaria de Acompanhamento Econômico do Ministério da Fazenda; Representados: Viação Aérea Rio Grandense — VARIG S/A; Transportes Aéreos Regionais S/A — TAM, TRANSBRASIL Linhas Aéreas e Viação Aérea São Paulo S/A e outros.), oportunidade em que, nos votos proferidos, os Conselheiros do CADE teceram considerações sobre a diferenciação entre os oligopólios com e sem competição.

ciação dos produtos concorrentes. A adoção de comportamentos paralelos entre os rivais em mercados oligopolizados, quando se faz presente, ocorre em tentativas de incremento de preço, haja vista que a tendência do segmento como um todo é aumentar os preços praticados, incorporando margens maiores de lucro.

Quando as empresas de um oligopólio produzem bens padronizados ou homogêneos, tem-se um oligopólio puro. Quando os bens produzidos não são homogêneos, está-se diante de um oligopólio diferenciado. Embora não seja impossível, a entrada em mercados oligopolizados não é fácil, exigindo do entrante elevados investimentos iniciais. Em alguns mercados onde atuam empresas de grande porte, a concorrência da entrante só passa a ser considerada efetiva quando ela já oferece o produto em outras regiões, o que facilita a adoção de estratégias para colocação no local em que passará a competir, por possuir recursos organizacionais e financeiros que lhe permitem, por exemplo, facilidade de acesso a fontes de matérias-primas, canais de distribuição, propaganda, dentre outros.

A estrutura mais comum de mercados, na atualidade, é o oligopólio, sendo particularmente para este trabalho analisar o padrão de concorrência e a interrelação entre as empresas, da qual deriva o comportamento colusivo entre os agentes.

Do que foi exposto, pode-se inferir que as empresas de um mercado oligopolizado podem optar por um dos seguintes comportamentos: coordenar suas ações, de forma consciente ou optar pela atitude independente, visando cada uma delas a conquista de maior participação de mercado.

Esse comportamento independente pode gerar uma guerra de preços entre as empresas rivais. No longo prazo, porém, os mercados oligopolistas que utilizam o preço como elemento essencial de competição podem chegar a uma solução competitiva próxima à da concorrência perfeita. Por outro lado, não se pode descartar a possibilidade de adoção de soluções intermediárias que se situam entre a própria concorrência perfeita e o monopólio[80], cenários pro-

---

(80) A primeira abordagem do modelo em que a concorrência se daria por intermédio da produção e não dos preços foi formulada por Augustin Cournot, em seu *Recherches sur lês príncipes mathématiques de la théorie dês richesses*, Paris, 1838, no qual ele descrevia uma situação em que havia apenas duas empresas como possuidoras de

pícios à ocorrência de distorções, como os cartéis. Nesse sentido, buscando o próprio incremento de ganho, o agente integrante de uma estrutura de mercado propício à adoção de um comportamento colusivo termina gerando o bem-estar de seus concorrentes(81).

A estrutura de mercado oligopolizada permite que as empresas que nele atuam adotem um comportamento independente, que levaria ao acirramento do padrão concorrencial(82), além de resultar no incremento do ganho por parte de alguma empresa, embora possa resultar na eliminação de algum ou de alguns agentes do mercado.

Do lado oposto do comportamento independe, pode ocorrer a cooperação, vale dizer, a busca da maximização do lucro do grupo de empresas já estabelecido no mercado. Nesse sentido, os agentes não se preocupam mais com o lucro individual, mas com o lucro do grupo, adotando, por isso, uma atitude cooperativa, acordando preços ou políticas comuns de vendas, produzindo resultados semelhantes àqueles do monopólio.

Tal situação configura o cartel, uma das formas mais repudiadas de cooperação entre os agentes econômicos, por isso perseguida com rigor em todas as jurisdições(83).

---

fonte de água mineral muito apreciada pelos consumidores, em um cenário ausente de custos de produção, as empresas poderiam combinar efetuar ajustes em relação a quantidade ofertada do produto (os ajustes em relação aos preço não foram analisados por Cournot). Partindo do pressuposto de que cada empresa age de forma independente, cada agente tentaria obter lucros de monopólio. Uma abordagem didática do modelo de Cournot é feita por BRUNA, Sérgio. *Op. cit.*, p. 44 e ss.

(81) Instrumento bastante útil na análise de estruturas oligopolizadas e, conseqüentemente, na repreensão a cartéis é a Teoria dos Jogos. Os jogos podem ser divididos em jogos de azar e em jogos de estratégia. Os de azar decorrem do acaso, ou da probabilidade de eventos. Os de estratégia dependem da ação dos jogadores, podendo ser dividido entre aqueles que têm ou não soma constante. O jogo é de somatória zero quando um jogador ganha e o outro necessariamente perde. Os que não impliquem na somatória zero são os jogos não constantes, em que o resultado depende da interação entre os partícipes e que o ganho de um não implique, necessariamente, em perda para os demais. Uma abordagem interessante da teoria dos jogos é feita a partir do denominado dilema dos prisioneiros. De uma forma simples, o dilema dos prisioneiros é caracterizado por dois membros do oligopólio que não podem se comunicar e que, uma vez descobertos têm apenas as seguintes possibilidades de atuação: cooperar ou não cooperar com as autoridades. Veja a esse respeito a detalhada análise de VARIAN, Hal R. *Microeconomia — princípios básicos.* Tradução da 2ª ed. Original de Luciane Melo. Rio de Janeiro: Campus, 1994, pp. 515/528.

(82) Esse comportamento é conhecido como equilíbrio de Nash não cooperativo. Nesse sentido, *vide* VARIAN, *loc. cit.*

(83) Nesse sentido, SILVA, Rutelly. "Estabilidade de Cartéis e Ciclos Econômicos". *Revista de Direito da Concorrência,* n. 1, jan/mar 2004. Brasília: IOB/CADE, 2004.

Não se pode, de forma absoluta, prever o comportamento dos agentes integrantes de um determinado oligopólio, havendo situações em que os agentes seguem as regras do mercado e outras em que acham mais interessante burlá-las, como ocorre no cometimento de práticas colusórias, como os cartéis(84).

A análise das estruturas de mercado é uma das formas de se verificar na sociedade como as relações de poder, no campo econômico determinam, o que e quanto se produzir, ou seja, quais desejos, ou necessidades serão priorizados e quem ganhará mais ou menos com isso, comportamentos percebidos na própria concepção do *homo sapiens*, como bípede, ereto, com dedos seccionados, com capacidade racional de refletir e de projetar, enfim, de resgatar o devenido (tempo passado) e de antecipar o devenir (tempo futuro), multiplicando sua capacidade de vivenciar experiências heterogêneas que permitissem prosseguir o caminho de sua autoconstrução(85).

Na análise empreendida no cotidiano do antitruste, o conhecimento dos conceitos contemplados, inclusive o da concorrência perfeita, modelo considerado meramente teórico, é importante para que no estudo de um caso concreto as autoridades antitruste possam confrontá-los com o comportamento efetivamente ocorrido e avaliar sua adequação no julgamento de condutas anticompetitivas, como os cartéis internacionais, verificando os incrementos de poder de mercado das empresas e os impactos causados aos consumidores(86), a partir de determinadas condições.

---

(84) À propósito do assunto, veja-se HAYEK, F. *Direito, Legislação e Liberdade*. São Paulo. Ed. Visão, 1985. No mesmo sentido, GHEVENTER, Alexandre, *op. cit.*, p. 50.

(85) *Op. cit*,. p. 5.

(86) Como uma crítica ao racionalismo econômico, mencionando a opinião de Hayek, Alexandre Gheventer (*op. cit.*, p. 50) destaca que o indivíduo toma suas ações com base nos hábitos, impulsos e desvios psicológicos. Ou seja, apenas uma pequena parcela de consumidores mudaria seus comportamentos baseados exclusivamente nos preços praticados.

2. OS CARTÉIS: ESTRUTURA E FUNCIONAMENTO

2.1. ASPECTOS GERAIS

O estudo de mercado e o padrão de concorrência que vigora em cada uma delas é importante para se avaliar se um determinado segmento de mercado é mais ou menos propício ao surgimento de distorções, expressos em uma variedade de condutas, sobretudo as colusivas.

A dinamicidade da atuação de empresas que não estão necessariamente sediadas no mesmo país, mas cujos efeitos se façam presentes em mais de um território soberano, fenômeno moderno, sem dúvida fomentado pelo atual incremento das relações comerciais, torna oportuna a análise dos cartéis internacionais como estratégia entre atores de um determinado mercado para manter ou reforçar uma certa parcela de poder.

Para tanto, além do próprio conceito de cartel, analisaremos neste capítulo os cartéis internacionais e os modelos europeu e norte-americano de combate a essa conduta anticompetitiva.

A comparação das estruturas descritas pela literatura em face das verificadas no cotidiano, auxilia na avaliação de que um dado comportamento está ou não em consonância com o que é considerado pela doutrina antitruste como nocivo ou salutar, máxime em uma economia globalizada, na qual a liberdade dos atores tem especial importância.

Assim também ocorre em relação à atuação das empresas, cujo comportamento tem se dinamizado e se adaptado a estratégias globais de produção e prestação de serviços, em busca de vantagens comparativas em cenários diversos, seja realocando fatores de produção, seja ingressando em novos mercados que se apresentem mais lucrativos ou mais produtivos[1].Esse comporta-

(1) Nesse sentido, veja-se THORTENSEN, Vera. *OMC — Organização Mundial do Comércio: As Regras Multilaterais do Comércio Internacional e a Nova Rodada de Negociações Multilaterais.* São Paulo: Aduaneiras, 2001, p. 321.

mento tem como pano de fundo um ambiente econômico internacional, caracterizado largamente pela competição oligopolística e pela interação estratégica, onde atores de maior peso podem influenciar significativamente nos resultados de um determinado setor da atividade econômica.

Uma situação estratégica com um número limitado de participantes de destaque exige que cada ator acompanhe com maior atenção o comportamento e as reações dos demais[2], seja no que se refere ao papel desempenhado pelos Estados, seja no que diz respeito às empresas com atuação em mais de um território soberano.

A produção e comercialização de bens e serviços adota uma feição em que a interdependência técnica e econômica entre os atores passa a ser cada vez mais incisiva. A ausência de limites físicos incrementa a dinamicidade das relações de mercado e propicia a atuação dos agentes econômicos para além de seus territórios originários. Ao mesmo tempo em que o acirramento das forças competitivas incrementa o caráter inovador da atividade econômica e fomenta a alocação eficiente dos recursos para a geração de riqueza, expande o poder e a capacidade econômica de diversos partícipes, públicos ou privados, propiciando o fomento de arranjos que concentrem a riqueza em determinados grupos ou regiões.

Além disso, empresas com poder de mercado ou posição dominante que não podem exercê-lo de forma unilateral, têm-se valido de concertações com outros agentes de porte semelhante, alcançando de forma conjunta comportamentos que inibem, quando não impedem, a dinâmica concorrencial tida como natural e saudável.

Os Estados soberanos, por sua vez, no mundo real da competição imperfeita e das empresas com atuação transfronteiriça, não obstante demonstrarem interesse pelo incremento do comércio internacional, com repercussões significativas em seus balanços de pagamento, preocupam-se com os efeitos negativos que a adoção de determinados comportamentos de entidades empresariais ou de países geram em suas economias. Para enfrentar esses problemas, alguns países valem-se de mecanismos que acabam por limitar o próprio comércio internacional, como barreiras não tarifárias, inspeções alfandegárias ou expedição de regulamentos sanitários, dentre outros, como estratégias de proteção de sua indústria contra comportamentos anticompetitivos, como os cartéis.

---

(2) GILPIN, Robert. *Op. cit*, p. 240.

A maior parte dos cartéis recentemente punidos pelas autoridades norte-americanas e européias são constituídos de empresas sediadas em países industrializados, integrantes da OCDE[3]. A própria proteção a setores específicos da atividade econômica doméstica, para fortalecer a indústria nacional, assim como a preocupação natural das empresas de manter ou reforçar suas parcelas de mercado estimula o surgimento de acordos[4] entre competidores que, além de reduzir-lhes a atuação independente, propicia o surgimento de figuras nocivas à concorrência numa dimensão maior[5], que indicam a necessidade do acompanhamento do comportamento desses atores, quer pelos demais partícipes do segmento, quer por autoridades governamentais, em dimensão mundial[6].

O comércio entre empresas estabelecidas em diferentes territórios tem assumido uma importância cada vez maior na economia mundial, com destaque para a década de 90, quando se verifica uma elevação do comércio internacional a uma taxa de 7%, enquanto a taxa média de crescimento do produto industrial ficou em torno de 3%, detendo as empresas transnacionais cerca de 60% das exportações mundiais[7]. Não só o número, mas também o porte

---

(3) LEVENSTEIN, Margaret. SUSLOW, Valerie. OSWALD, Lynda. *International Price-Fixing Cartels and Developing Countries: a discussion of effects and policy remedies.* Working Paper Series, Number 53. Political Economy Research Institute. University of Massachusetts Amherst. Amherst, Massachusetts, 2003, p. 5. disponível em www.ssrn.com, acesso em 21.abr.2005.

(4) Alguns arranjos como as *joint ventures* e as associações de classe não se revestem necessariamente de cunho anticompetitivo, eis que permitem a redução de riscos e os incrementos de economias de escala e de escopo.

(5) GILPIN, Robert. *A Economia Política das Relações Internacionais.* Tradução de Sérgio Bath. Brasília: Editora Universidade de Brasília, 2002, p. 230 destaca a utilização de medidas protecionistas como o Acordo de Longo Prazo sobre os Têxteis de Algodão, de 1962, que mais tarde se ampliou no Acordo Multifibras de 1973 como o primeiro e mais significativo esforço de divisão do mercado mundial, mencionando a adoção de arranjos semelhantes, parecidos com os cartéis no setor automobilístico e siderúrgico.

(6) Nesse sentido, bastante ilustrativos são os painéis instalados perante a OMC envolvendo o Brasil e o Canadá no que se refere à comercialização de aeronaves civis in WT/DS 46, *Brazil — Export Financing Programme for Aircraft* e WT/DS 222, *Canada — Export Credits and Loan Guarantees for Regional Aircraft* e os que envolviam a utilização de subsídios nas exportações de coco ralado provenientes de países asiáticos, *in* WT/DS22, *Brazil Measures Affecting Desiccated Coconut* e WT/DS30, *Brazil Countervailing Duties on Imports of Desiccated Coconut and coconut milk form Sri Lanka*. WT/DS 30. Disponível em www.wto.org, acesso em 12.out.2004.

(7) THORSTENSEN, Vera. "OMC — Organização Mundial do Comércio e as Negociações sobre Comércio, Meio Ambiente e Padrões Sociais". *Revista Brasileira de Política Internacional*, Brasília, n. 42 (2), p. 29.

dessas empresas aumentou, facilitando a exclusão de determinados agentes por outros que detenham, por exemplo, posição dominante em um segmento específico de atividade.

2.2. CONCEITO DE CARTÉIS

O fomento da competitividade nos mais diversos segmentos da atividade econômica gera benefícios que se expressam por intermédio da prática de menores preços, maior quantidade de produtos à disposição dos consumidores, melhor qualidade e mais diversidade de bens e serviços.

Se determinados produtores desejam auferir vantagens fora do processo competitivo, utilizam-se de acordo que dispõe sobre a atuação conjunta no segmento em que atuam. A forma pela qual é exteriorizada essa atuação denomina-se cartel(8), assim considerado o acordo celebrado entre empresas que atuam no mesmo nível da cadeia produtiva do mercado relevante para neutralizar ou tornar nula a possibilidade de competição entre si.

Os cartéis partem do pressuposto de que o comportamento cooperativo dos concorrentes é mais proveitoso do que o comportamento independente de cada um. Expressam-se como forma de neutralização da concorrência pela eliminação ou desativação da força competitiva dos agentes econômicos que atuam num mesmo mercado relevante ou na realização de acordos entre agentes para disciplinar o comércio de um determinado produto em uma área específica.

Os pactos colusivos entre empresas concorrentes visam, em geral, reduzir a produção em um acerto de níveis, ou vender em condições pactuadas em acordo de preço(9). As empresas agindo em concerto podem atingir lucros semelhantes ao da empresa mo-

---

(8) Sherman Act, 15 U.S.C. § 1º — "Every contract, combination in the form of trust or otherwise, in restraint of trade or commerce among the several States, or with foreign nations, is declared to be illegal".

(9) "is an agreement among otherwise competing firms to reduce their output to agreed upon levels, or sell at an agreed upon price. The firms acting in concert can earn monopoly profits just as single-firm monopolist".

HOVENKAMP, Hebert. *Federal Antiturst Policy — The Law of Competition and its Practice*. 2nd. Edition. St. Paul: WestLaw, 1999, p. 144.

nopolista[10]. Constituem-se os cartéis, portanto, em expressão de poder, haja vista que se traduzem como formas de limitação da liberdade de atuação dos agentes, com conseqüente redução do bem-estar social a um determinado grupo de consumidores *(dead-weight loss)*.

2.3. CARACTERÍSTICAS DOS CARTÉIS

Diversas características inerentes a um determinado mercado podem tornar o comportamento dos agentes nele atuantes mais propício à colusão. Nesse sentido, *Hovenkamp*[11] destaca: (I) o número reduzido de empresas e a elevada concentração de mercado, que facilitam o monitoramento do comportamento dos integrantes do cartel; (II) o fato dos partícipes serem do mesmo porte, o que torna equilibradas as manifestações de poder por parte dos agentes em prejuízo do sucesso da prática colusiva; (III) o mesmo nível de eficiência, que facilita a atuação, tornando-a mais proveitosa, do que a ação isolada em busca do incremento de participação; (IV) a oferta de produtos homogêneos, indicando que os investimentos em pesquisa e desenvolvimento que eventualmente possam levar à deserção do comportamento concertado.

Além dessas características, acresçam-se outras próprias de estruturas oligopolizadas como (I) a baixa elasticidade da demanda, ou seja, uma reação inexistente ou pouco significativa por parte dos consumidores em relação à variação dos preços praticados pelos integrantes do cartel; (II) as elevadas barreiras ao ingresso no mercado, que inibem a entrada de novos concorrentes; (III) a existência de mecanismos de punição dos membros que venham a descumprir os acordos; (IV) estruturas de produção semelhantes, que possibilitam a simetria entre os custos envolvidos na colocação do produto ou serviço no mercado; (V) crescimento estável do setor, que incrementa a possibilidade de monitoramento do comportamento dos agentes.

---

(10) Como foi visto no capítulo anterior, uma situação de monopólio pode levar o agente econômico que oferece o serviço a uma situação extremamente confortável. Comparando os efeitos do monopólio com o seu modelo oposto, ou seja, o de concorrência, verifica-se a imediata perda de bem-estar pela coletividade de consumidores do produto monopolizado, eis que o monopólio conduz à prática de preços mais elevados e 'a transferência de renda dos consumidores para os produtores, com o conseqüente incremento dos lucros do monopolista.

(11) HOVENKAMP, H. *Antitrust*. 2ª ed., St. Paul: West Publishing Co., 1997, pp. 74-75.

O cartel é típica conduta de imposição(12), em que a colusão entre os agentes econômicos tem por objetivo a dominação do mercado(13), por intermédio de manipulação do preço ou da qualidade e da quantidade dos produtos por quotas de mercado ou de produção(14), tem sua margem de sucesso reforçada pela presença de poucas empresas, haja vista que os custos de acompanhamento, de controle do comportamento dos membros do grupo pelos seus integrantes deve ser eficaz e baixo, sob pena de se tornar ineficiente e implicar insucesso da conduta.

A estrutura oligopolizada de mercado, assim como de mecanismos que evitem flutuações nos preços, características anteriormente elencadas, podem tornar mais interessante a permanência dos agentes no conluio. Em algumas situações o acordo entre os atores pode prever outras formas indiretas de tentativa de manutenção de poder de mercado por intermédio, por exemplo, de troca de informações técnicas ou de fornecimentos recíprocos.

Os acertos sobre preços e quantidade são equivalentes, por serem reciprocamente determinantes(15). No que se refere à qualidade, vários acordos tecnológicos podem ser contemplados pelo

---

(12) Distinção costumeiramente feita pela doutrina é a de condutas de imposição (ou exploração) e de exclusão. Aquelas tendem a estabelecer condições monopolísticas sobre os consumidores, geralmente impossibilitados de exercer qualquer forma de reação diante da posição monopolística detida pelas empresas, assim consideradas em conjunto, configurando os arranjos colusivos com repercussão no preço ou na quantidade oferta exemplos de manobras de imposição. Já as de exclusão, como o próprio nome sugere, dificultam a permanência de concorrentes no segmento de mercado ou impedem o ingresso de novos partícipes.

(13) A colusão, ou seja, o jogo conjunto, não se resume à existência de cartéis. Uma abordagem didática sobre colusão vertical e horizontal é feita por Salomão Filho, C. *Direito Concorrencial — as condutas*. 1ª ed., São Paulo: Malheiros Editores, 2003, p. 261 e ss.

(14) A Secretaria de Direito Econômico do Ministério da Justiça em operação elaborada conjuntamente e executada pela Polícia Federal ("operação Fanta"), teve acesso a diversos documentos das empresas envolvidas, acusadas de cartelização no setor pelo qual respondem por cerca de 80% da produção nacional e cujas exportações, no ano de 2005 giraram em torno de R$ 1,5 bilhão. Os documentos apreendidos nas sedes das empresas exportadoras de suco de laranja Cargil Citrus Ltda., Citrosuco Paulista, Coimbra Frutesp S.A. e Sucocíctrico Cutrale Ltda. e da Associação Brasileira dos Exportadores de Cítricos (Abecitrus), visam contribuir para a comprovação (ou não) da existência de um comportamento colusivo entre os agentes. Na verdade, a busca e apreensão realizada em 24 de janeiro de 2006 é a segunda vez que a SDE se vale de busca e apreensão autorizada judicialmente e do auxílio da Polícia Federal para obtenção de provas de cartelização, eis que a primeira vez ocorreu no denominado cartel de britas, o Processo Administrativo de n. 08012.0021227/02-14, julgado em 13 julho de 2005.

(15) Ver as considerações sobre oligopólio efetuadas no capítulo I.

cartel e apenas os acordos para repartição de tecnologia e criação de novos produtos, como estratégia indireta de divisão do mercado, estariam abrangidos como formas de colusão horizontal(16).

Nem todos os cartéis eliminam(17) inteiramente a competição, podendo as empresas concordar em restringir a concorrência em uma determinada área geográfica, ou em suprimir apenas a competição via preços(18), mantendo-a em relação à qualidade do produto, como ocorre nos cartéis de exportação, que buscam conquistar o mercado internacional com produtos de qualidade.

O agente que integra uma estrutura de mercado cartelizada tem consciência de que responde por uma parcela de poder em uma atividade econômica e que aliado à capacidade de produção de outros agentes no mesmo segmento, passam a exercê-lo de forma mais abrangente e incisiva, por intermédio de uma atuação conjunta e coordenada.

---

(16) Isso leva à distinção que será abordada a seguir, dos tipos de cartéis e aos cartéis clássicos. Algumas formas de colusão horizontal entre agentes econômicos podem ser alcançadas por intermédio de *joint ventures* entre os partícipes, por exemplo, pela realização de acordos para compartilhamento de tecnologia e criação de produtos diferenciados, mas diante das eficiências que geram estariam fora da definição acima referida.

Os *Antitrust Guidelines for Collaborations among Competitors* (2000), da *Federal Trade Comission* e do *Departament of Justice*, órgãos integrantes do governo norte americano envolvidos na repreensão de infrações à concorrência, ao analisar o tema, estabelecem uma distinção entre o "bom" e o "mau" cartel, destacando-se, para tanto, a ausência dos efeitos positivos sobre o bem estar social para considerar a conduta anticompetitiva e passível de sanção.

(17) POSSAS, Mario (coord.); FAGUNDES, Jorge. "II Curso de Defesa da Concorrência, 5º tópico". *Análise de Condutas Anticoncorrenciais*, CADE, Brasília, 1999.

(18) O julgamento do Processo Administrativo de n. 08012.0021227/02-14, denominado 'cartel de britas' pelo CADE em meados de 2005 contemplou a participação de diversas empresas em cartel no mercado de pedra britada na Região Metropolitana de São Paulo. A investigação foi iniciada pela SDE/MJ após o recebimento de denúncia anônima informando a concertação de 17 agentes que se reuniam diariamente no Sindicato da Indústria de Mineração de Pedra Britada do Estado de São Paulo (SINDIPEDRAS), para dividir o mercado, fixar preços e aumentar os lucros. As minúcias contidas na denúncia possibilitaram a abreviação das Averiguações Preliminares instauradas pela SDE. Relatava o expediente anônimo a organização e funcionamento do cartel que, para impedir os riscos de deserção e conseqüente fracasso da conduta, elaborava softwares (PAE/SISCO), utilizados pelas empresas envolvidas no lançamento de suas vendas diárias, que continham mecanismos de controle de cotas e de compensação, assim como da utilização de uma "Bíblia", contemplando os clientes das empresas envolvidas. O voto condutor do processo de forma pormenorizada descreveu todos os elementos constantes da conduta, efetuando seu enquadramento legal e doutrinário como cartel. O processo foi arquivado apenas com relação ao comportamento de duas empresas envolvidas.

Os membros de um cartel, em geral, conservam sua independência financeira[19]. Para alcançar os resultados pretendidos, os membros do cartel devem cumprir as regras por eles estabelecidas em conjunto, que vão disciplinar a interdependência de suas relações[20]. Os desvios apresentados por qualquer de seus membros são passíveis de sanção, com o intuito de inibir qualquer nova tentativa de descumprimento. As sanções abrangem tanto as hipóteses de descumprimento pontual quanto de deserção.

O cartel exerce poder não apenas sobre os seus membros, mas também sobre outros agentes econômicos que com ele se relaciona direta ou indiretamente. Ademais, tenta intimidar não apenas os integrantes, mas também aqueles que a ele não aderiram. A caracterização do cartel como prática restritiva horizontal que abrange agentes de um mesmo mercado não impede que seus efeitos se façam sentir entre agentes que com ele se relacionem como compradores ou vendedores ao longo das cadeias produtivas ou nos mercados finais.

Apesar dos mecanismos coercitivos para monitoramento e punição das empresas cartelizadas, a busca inerente a cada agente de ter para si maior parcela de mercado, possibilitando assim a obtenção de ganhos mais expressivos, é a armadilha da força detida pelos próprios membros do cartel, ou seja, de que ao burlar o acordado não serão detectados pelos demais membros que a ele aderiram e que terão suas posições reforçadas no mercado.

Nesse sentido, como distorções, os cartéis demonstram que o empenho por ter poder em determinados grupos não necessariamente se realiza na procura pelo maior lucro, mas por intermédio de outras formas de expressão de poder como a busca pelo próprio monopólio da força[21], que lhe antecede. Os agentes que compõem o cartel muitas vezes não têm interesse em permanecer atuando de forma coordenada, até porque uma atuação independente pode levá-los a responder por uma parcela de mercado superior à que possuem. No entanto, as demonstrações de poder por parte dos agen-

---

(19) Como assevera LEWINHSON, R., *op. cit.*, p. 16, ao contrário dos trustes, os cartéis não são dirigidos ou controlados por uma administração central.

(20) MALARD, Neide Terezinha. "O Cartel". *Revista de Direito Econômico,* n. 21, out./dez. 1995, p. 38.

(21) A respeito do monopólio da força, veja-se ELIAS, Nobert. *A sociedade dos indivíduos*. Rio de Janeiro: Jorge Zahar, 1994, p. 42.

tes integrantes de cartéis inibem os demais não apenas de apresentar reações, mas muitas vezes de terem consciência de que a liberdade é algo que lhes é inerente e que o seu exercício tem um papel transformador, não só de sua qualidade como agente econômico, mas também perante os outros membros do grupo, viabilizando o reforço da estrutura cartelizada. A atuação dos agentes econômicos numa estrutura em que seja necessário o comportamento cooperativo como nos cartéis, demonstra que a união ocorre por motivos meramente individuais, representados na busca de maior lucro ou no reforço de suas posições no mercado[22].

2.4. CARTÉIS INTERNACIONAIS

Interessa-nos particularmente abordar a ação concertada entre agentes com atuação em mais de um país. Passaremos a tratar dos cartéis internacionais, abordando os tipos costumeiramente descritos pela literatura e suas características.

Quando os acordos ocorrem entre empresas que podem ou não estar fisicamente instaladas no mesmo país, mas que atuam ou têm possibilidade de atuar, de forma distorciva ao regramento concorrencial em vigor, a qualquer tempo, em outro território soberano, está-se diante de uma conduta transfronteiriça.

A possibilidade de atuação além dos limites físicos de um território e a dificuldade dos países em reprimir condutas anticompetitivas levadas a efeito fora de suas fronteiras, incrementa a dinamicidade das relações comerciais. No entanto, sob o argumento de eficiência econômica, seja para acessar matérias-primas de melhor qualidade, seja para valer-se de mão-de-obra mais barata, seja ainda para aumentar a demanda dos produtos ou serviços que ofertam, ou por fim, para limitar a atuação e o acesso a esses insumos por parte de empresas dispostas a ingressar em novos segmentos da atividade econômica, a concertação entre empresas concorrentes ocorre numa dimensão mundial, configurando os cartéis internacionais.

---

(22) SALOMÃO FILHO, Calixto. *Direito Concorrencial: as condutas*, 1ª ed., São Paulo: Malheiros, 2003, p. 26.

Os cartéis internacionais, portanto, são acordos ou ajustes entre empresas com atuação simultânea em mais de um país para alterar, restringir ou eliminar a oferta de bens e serviços[(23)] [(24)].

2.4.1. Tipos de Cartéis Internacionais

Há uma variedade de organizações que poderia, de maneira razoável, ser enquadrada como cartel internacional[(25)]. No entanto, os cartéis internacionais podem ser classificados em: 1) os cartéis clássicos *(hard-core cartels),* criados por produtores privados de pelo menos dois países, para controlar preços ou dividir mercados em todo o mundo; 2) os cartéis de exportação, que se subdividem em: cartéis privados de exportação, não ligados ao Estado, cujos participantes são de um mesmo país e servem para fixar preços ou dividir o mercado de exportação, não estando suas ações voltadas para o mercado interno; cartéis de exportação ligados ao Estado[(26)] e cartéis de importação, como será visto a seguir.

2.4.1.1. Cartéis de importação

Embora muitos caracterizem como uma prática doméstica, os cartéis de importação podem causar distorções à competição internacional, na medida em que se configuram como práticas horizontais entre agentes nacionais para limitar ou barrar a atuação de empresas estrangeiras concorrentes.

---

(23) De acordo com a Resolução n. 20/99 do CADE, em seu anexo I, os cartéis são acordos explícitos ou tácitos entre concorrentes do mesmo mercado, envolvendo parte substancial do mercado relevante, em torno de itens como preços, quotas de produção e distribuição e divisão territorial, na tentativa de aumentar preços e lucros conjuntamente para níveis mais próximos dos de monopólio.

Fatores estruturais podem favorecer a formação de cartéis: alto grau de concentração do mercado, existência de barreiras à entrada de novos competidores, homogeneidade de produtos e de custos, e condições estáveis de custos e demanda. *In Revista de Direito Econômico*, n. 33, jan./jun., Brasília: CADE, 2002.

(24) CONNOR, John. *Global Antitrust Prosecutions of Modern International Cartels.* Purdue University. Indiana, 2004, pode-se definir os cartéis internacionais como aqueles que possuem participantes de duas ou mais nações. No mesmo artigo, CONNOR faz uma diferenciação entre cartéis internacionais e globais, considerando nesse último tipo como um tipo com atuação em mais de dois continentes industrializados. Disponível em www.ssrn.com., acesso em 21.abr.2004.

(25) EVENETT, Simon; LEVENSTEIN, Margaret e SUSLOW, Valerie. *International Cartel Enforcement: Lessons form the 1990s,* p. 3, disponível em www.ssrn.com., acesso em 21.abr.2005.

(26) *Idem.*

Os cartéis de importação causam distorção à concorrência na medida em que limitam o acesso de novos concorrentes a um determinado mercado. Apesar dos efeitos serem sentidos apenas em um único mercado, são objeto de preocupações tanto para as autoridades do país importador, como para as do país exportador. Os efeitos da conduta, por serem detectados no país importador, via de regra, têm a aplicação de penalidades nacionais, por força da dimensão dos efeitos. Ao país exportador caberia aplicar sua legislação antitruste nacional de forma extraterritorial contra as empresas situadas no país importador, o que poderia causar problemas advindos de conflitos de leis e de jurisdição(27).

A cooperação internacional, que será abordada mais adiante, como menciona o citado autor, pode ser um mecanismo eficaz à contenção dos efeitos nocivos causados pelos cartéis de importação, persecução de comportamentos anticompetitivos, haja vista o interesse mútuo das autoridades envolvidas.

2.4.1.2. Cartéis de exportação

Os cartéis de exportação configuram-se como estruturas organizadas por intermédio de associações ou sindicatos cuja atuação conjunta destina-se exclusivamente à colocação de seus produtos em mercados estrangeiros ou ainda por intermédio da atuação do Estado(28). A associação entre os agentes ocorre, via de regra, por estratégias utilizadas para a distribuição e publicidade envolvidas na colocação dos produtos em um determinado território alienígena.

Algumas legislações isentam tais cartéis de qualquer sanção, seja por motivos eminentemente comerciais, quando o anseio de incrementar exportações faz com que os atores de um determinado país se valham de vantagens, como a utilização de subsídios proibidos ou acionáveis, atribuindo-lhes diferenciais que os coloquem num patamar vantajoso de competitividade, seja pela existência de mecanismos de isenção implícita na legislação antitruste, diante

---

(27) LILLA, Paulo Eduardo. *Política de Concorrência Internacional na OMC: Elementos para a Negociação de um Acordo de Cooperação Multilateral. Monografia* (Curso de Direito), 81 p. São Paulo: Fundação Armando Álvares Penteado, 2004.

(28) De acordo com EVENETT et al., *op. cit.*, p. 3. Os cartéis de exportação estatais são fomentados por arranjos políticos ou econômicos, o que torna seu comportamento e efeitos diferentes dos arranjos privados objetivando a maximização dos lucros.

da adoção por diversos países do princípio dos efeitos, abarcando condutas que afetem seus mercados domésticos, não estabelecendo qualquer referência a condutas preparadas em seus territórios, mas cujos efeitos se façam sentir em outra nação.

Os Estados Unidos, por exemplo, adotam o critério de isenção aos cartéis destinados exclusivamente à exportação desde 1918, com a aprovação do *Webb-Pomerene Act*[(29)], exigindo-se das empresas o registro do cartel para tal fim. O mesmo procedimento é adotado pelo Japão[(30)].

Alguns países europeus possuíam dispositivos que permitiam a adoção de arranjos entre os concorrentes para atuação além de suas fronteiras nacionais. Com o incremento das relações comunitárias, no entanto, diversas legislações de defesa da concorrência dos países membros da Comunidade Européia passaram a não contemplar a isenção aos denominados cartéis de exportação, como se verifica na legislação alemã e na do Reino Unido de 1998[(31)].

Apesar de algumas legislações nacionais permitirem a utilização de isenção pelas empresas organizadas em cartéis de exportação, referidas isenções não são utilizadas de forma ampla por cartéis internacionais. Nesse sentido, citam a ausência de registro recente de Associações sob a égide do *Webb-Pomerene Act* nas provas de ocorrência de cartéis de fixação de preço obtidas pelo Departamento de Justiça norte americano[(32)].

A atuação dos cartéis de exportação pode levar as empresas que o integram a atuarem sob a estratégia de fixação de preços, seja por intermédio do estabelecimento de preços únicos, seja por meio da venda em conjunto dos produtos, cujo resultado prático é semelhante. A venda em conjunto pode ser utilizada como estratégia de colocação de produtos de mercados associados, o que pode

---

(29) O critério de isenção, adotado na legislação norte americana a partir da promulgação do *Webb-Pomerene Act*, em 1918, será objeto de tópico próprio, abordado mais adiante.

(30) De acordo com o estabelecido no *Export-Import Trading Act*, de 1952, os cartéis de exportação podem ser autorizados pelo Ministro da Indústria e Comércio Internacional.

(31) *Apud* EVENETT *et al.*, *op. cit.*, p. 11.

(32) EVENETT *et al.*, *loc. cit.*, destacam que a Comissão Européia, no entanto, investigou um cartel registrado nos Estados Unidos sob a égide do *Webb-Pomerene Act*, o cartel de produtores de celulose.

ter um viés anticompetitivo. No entanto não se pode negar que a coordenação sobre preços, quantidades ou mesmo sobre a repartição dos mercados pode apresentar um viés competitivo, à medida que atribua aos atores escala suficiente para que a colocação de seus produtos em mercados internacionais seja viabilizada, gerando, muitas vezes, resultados tão ou mais interessantes que os observados em outras possibilidades de reunião dos agentes econômicos para atuação transfronteiriça, como as fusões ou *joint-ventures*, representando, muitas vezes, uma alternativa para a superação de crises conjunturais.

Nesse sentido, alguns autores, destacam a importância da diferenciação das motivações que levam à criação de cooperativas de exportação nas políticas de exportação dos países, como forma de minimizar a ocorrência de arranjos anticompetitivos, por intermédio, por exemplo, de exigências de registros ou formulários informativos (*Evenett et al*[(33)]).

No estudo dos cartéis internacionais que tenham efeitos deletérios em diversas dimensões geográficas, os de exportação representam a menor parcela e os internacionais que apresentam efeitos mais nocivos são os denominados clássicos, abordados a seguir.

2.4.1.3. Cartéis Clássicos

Os cartéis clássicos são considerados a forma mais repudiada de violação às regras concorrenciais, constituindo-se em acordos para fixar preço, para restringir a produção, limitar a oferta ou ainda dividir os mercados[(34)].

Os países, de uma forma geral, reprimem tal conduta, sendo que em algumas jurisdições é também considerada crime. No Brasil, o cartel é punido tanto pela Lei n. 8.884/94, na jurisdição de competência do CADE, quanto pela Lei n. 8.137/90, de natureza penal. Já nos Estados Unidos o cartel é perseguido apenas criminalmente, com base na Lei Sherman.

---

(33) *Op. cit.*, p. 12.

(34) OCDE, Hard Core Cartels, Recent Progress and Challenges Ahead. Washington, 2003.

No mesmo sentido, MALARD, Neide Terezinha. "O cartel". *Revista de Direito Econômico,* n. 21, Brasília, out;/dez., 1995, pp. 38-43.

A forma de expressão de cartéis clássicos é a atuação concertada entre os competidores, que tem por finalidade, entre outras possíveis, dividir o mercado ou uniformizar os preços cobrados dos consumidores, seja pelo aumento de preços, pela adoção de fórmulas de reajuste de preços, por acordos de manutenção de preços relativos entre produtos diferenciados ou pela eliminação de descontos ou estabelecimento de descontos uniformes; pela adoção de preços publicados ou ainda pela divisão dos mercados e fontes de abastecimento.

Dentre os cartéis clássicos, mesmo com atuação internacional, incluem-se os acordos para fraudar licitações, como a escolha prévia da empresa que será a vencedora, seja pela oferta de propostas com preços superiores, seja pela submissão de propostas ofertas com preços idênticos ou simplesmente pelo não comparecimento ao procedimento[35].

Outra possibilidade de expressão dos cartéis é a fixação de acordos de restrição de produção com a finalidade de diminuir a quantidade ofertada de um determinado produto, causando incremento artificial de preços.

Os cartéis transfronteiriços podem se organizar, ainda para limitar a atuação dos agentes a uma determinada área geográfica, o

---

(35) Interessante é a análise do Processo Administrativo de n. 08012.009118/98-26, que tramitou perante o CADE, envolvendo o Consórcio Marítima/LISNAVE e o Estaleiro EISA. Nesse processo, o CADE avaliou o comportamento de empresas que agiram de forma concertada ao comparecerem a uma licitação internacional promovida pela Petrobrás, em regime de empreitada por preço global e unitário, sob a modalidade de menor preço nos termos do Edital de n. 571.1.002.96-1 que objetivava a escolha de serviços de adaptação e manutenção de perfuração e prospecção de petróleo em águas profundas na Plataforma P-X.

O edital permitia que as empresas comparecessem ao certame de forma individual ou por intermédio de consórcio. O edital foi adquirido por onze empresas, mas apenas duas — Consórcio Marítima/LISNAVE e EISA — Estaleiro Ilha S.A. — encaminharam documentos de habilitação e propostas. Após a abertura das propostas a Petrobrás alegou que o preço apresentado por ambas as partícipes excedia o valor que a licitante havia estabelecido como preço máximo. As partícipes reduziram o preço diante do conhecimento dessa notícia e posteriormente houve redução espontânea do preço pelo Consórcio Marítima/LISNAVE. Alguns meses após a assinatura do contrato, a veiculação na imprensa de um contrato firmado entre tais empresas, o pagamento de compensação à derrotada, ensejou a abertura de processo administrativo perante a SDE. Verificou-se que além do mencionado pagamento de compensação, existia a previsão de concessão do uso das instalações e equipamentos da EISA à Marítima no valor de US$ 250 mil. Apesar da ausência de outros registros prevendo um acordo de não concorrência entre as representadas, o CADE houve por bem condená-las, como incursas no art. 21, inciso VIII, c/c inciso I do art. 20 da Lei n. 8.884/94.

que inibe significativamente os custos de monitoramento do comportamento de seus membros, incrementando a margem de êxito da conduta.

Alguns organismos internacionais, como a OCDE(36) e a UNCTAD(37), têm destacado o esforço de autoridades de defesa da concorrência de diversos países na persecução a cartéis que operam internacionalmente, constituídos por empresas multinacionais com atuação nos denominados cartéis clássicos internacionais são empresas multinacionais sediadas em diferentes países. O relatório da OCDE menciona a existência de aproximadamente 14 cartéis internacionais, número considerado pequeno, não obstante os prejuízos econômicos quantificados em torno de USD 55 bilhões(38).

O quadro abaixo destaca casos de cartéis internacionais bastante conhecidos das autoridades de concorrência, como os que envolveram o cartel de lisinas(39), o de ácido cítrico(40), o de vita-

---

(36) OCDE, Hard Core Cartels — Recent Progress and Challenges Ahead, France, 2003.

(37) UNCTAD, Model Law on Competition — UNCTAD Series on Issues in competition Law and Policy, Geneva, 2003.

(38) OCDE, *op. cit.*, p. 9.

(39) A lisina é um aminoácido usado em alimentos de animais para fins nutricionais. O cartel de lisina funcionou de junho de 1992 a junho de 1995, causando distorções no mercado global, com base em um acordo mundial com repercussões não apenas na fixação de preços de lisina para ração animal, mas também no volume de vendas de cada participante no mercado mundial; na forma e datas para o anúncio de preços que resultou, além do já exposto em práticas discriminatórias, haja vista que alguns clientes deixaram de ser atendidos a partir da coordenação praticada pelo cartel.

Os representantes das empresas produtoras de lisina mantinham reuniões periódicas, na Associação Internacional de Produtores de Aminoácidos (AAMIA), a fim de verificar se as estratégias do cartel estavam sendo cumpridas. Nos três primeiros meses de funcionamento do cartel, os preços aumentaram em cerca de 70%. Nos EEUU as multas impostas giraram em torno de 100 milhões de dólares, destacando-se a atribuída a Archer Daniels Midland Companhia (ADM), no valor de $70 milhões. Na União Européia, as penalidades pecuniárias foram superiores a 110 milhões de euros, cabendo mencionar que as empresas participantes eram não comunitárias, mas com atuação no mercado comum europeu. Disponível em http://www.ftaa-alca.org/ngroups/NGCP/Publications/inf04Rev2_s.doc, acesso em 14.jan.2006.

(40) Os ácidos cítricos têm a função de conservar alimentos, estando inserido na categoria dos acidulantes, que inibem o desenvolvimento de bactérias em alimentos, possuindo ampla utilização em refrigerantes, comidas processadas, detergentes, produtos farmacêuticos e cosméticos. Apesar da existência de outros ácidos com funções análogas, o ácido cítrico não interfere no sabor dos alimentos, sendo os outros ácidos considerados substitutos não perfeitos, principalmente pela indústria de alimentos.

minas[41], o de eletrodos de grafite[42], o de tubos de aços sem emenda[43] e o de construção marítima[44].

---

(41) O cartel das vitaminas foi investigado em diversas jurisdições, como a norte-americana, européia, canadense, australiana e brasileira, tendo-se verificado a concertação entre agentes na comercialização das vitaminas A, B2, B5, B6, C,D3, E, Beta-Caroteno, H e M, além de um mix de vitaminas. Considerado como o cartel com efeitos mais nocivos e extensos já detectado por autoridades antitruste ao redor do mundo, a concertação entre os agentes nele travada abrangeu acordos de quantidade, preços e discriminação de clientes. Nos EEUU as penalidades foram impostas a empresas suíças, alemãs, canadenses e japonesas em multas superiores a US$ 875 milhões, destacando-se a multa imposta à F. Hoffmann-La Roche Ltd. (HLR) e à BASF AG, no valor de US$ 500 milhões e US$225 milhões, respectivamente. A multa imposta à F. Hoffmann-La Roche Ltd. é considerada a maior já imputada pelo Departamento de Justiça norte-americano. A Divisão Antimonopólios daquele departamento também conseguiu levar a juízo sete executivos, americanos e estrangeiros, pela participação que tiveram nesse cartel.

(42) Os eletrodos de grafite são colunas amplas de carbono usadas pelas fornalhas elétricas de aço ou por pequenos moinhos no processamento de aço, feitos a partir do grafite sintético, obtido de produtos como coque de petróleo e piche. Os eletrodos de grafite são o único produto que viabiliza a geração de mais calor, possibilitando o alcance da temperatura necessária para derreter a sucata e torná-la um produto comercializável. O Departamento de Justiça americano foi a primeira autoridade a detectar a presença de concertação entre os produtores nesse segmento de mercado, que fixou preços e garantiu cotas na colocação do produto ao redor do mundo.

(43) Os tubos de aço sem emendas, assim como os canos, são utilizados na construção de poços na indústria de gás e petróleo, usualmente referidos na literatura comercial como *oil country tubular goods* (OCTG, para transportar o óleo e o gás gerados nos poços, tendo como único substituto as tubulações de aço inoxidável). Embora o ingresso nesse ramo de atividade seja relativamente fácil, verifica-se a concentração da atividade nas mãos de poucos players, em diversos países com liderança na atividade, como nos EEUU, no Japão, França, Alemanha, Itália, Argentina, México e Brasil. A procura pelo produto está, na verdade, intimamente relacionada com outro mercado, qual seja o de gás e petróleo, com o qual estão integrados verticalmente. As empresas instaladas nos países relacionados agem por intermédio de associações que têm condição de monitorar o comércio do produto em todo o mundo.

(44) Serviços de construção e transporte marítimos: Em dezembro de 1997, o Departamento de Justiça norte-americano responsabiliza uma companhia holandesa e um de seus executivos estrangeiros por participar de um cartel internacional nos serviços da construção marítimos e a uma companhia belga, sua subsidiária americana e dois de seus executivos estrangeiros pela participação em um outro cartel, de serviços de transporte marítimo. As empresas que pertenciam à mesma estrutura societária, declararam-se culpadas e pagaram cerca de 65 milhões de dólares em multas.

A conduta no segmento de construção naval consistia na discriminação de clientes e na fixação de preços na atividade relacionada à construção de guindastes para cargas pesadas e serviços afins nas regiões produtoras de petróleo e de gás no mundo. No caso do transporte marítimo, os agentes estabeleceram o comportamento uniforme anticompetitivo na prestação do serviço de transporte de carga pesada "semisubmersível" não apenas aos clientes norte-americanos, mas localizados em outras nações.

Quadro I — Violações à Lei Sherman que resultaram em multas de U$10 milhões ou mais[45]

Acusado (exercício fiscal)	Produto	Multa (milhões)	Âmbito geográfico	País
F. Hoffman-La Roche Ltd. (1999)	Vitaminas	$500	Internacional	Suíça
BASF AG (1999)	Vitaminas	$225	Internacional	Alemanha
SGL Carbon AG (1999)	Eletrodos de grafite	$135	Internacional	Alemanha
UCAR International, Inc. (1998)	Eletrodos de grafite	$110	Internacional	Estados Unidos
Archer Daniels Midland Co. (1997)	Lisina y ácido cítrico	$100	Internacional	Estados Unidos
Takeda Chemical Industries, Ltd. (1999)	Vitaminas	$72	Internacional	Japão
Haarmann & Reimer Corp. (1997)	Ácido cítrico	$50	Internacional	Alemanha
HeereMac v.o.f. (1998)	Construção marítima	$49	Internacional	Holanda
Eisai Co., Ltd. (1999)	Vitaminas	$40	Internacional	Japão
Hoechst AG (1999)	Sorbatos	$36	Internacional	Alemanha
Showa Denko Carbon, Inc. (1998)	Electrodos de grafito	$32.5	Internacional	Japão
Daiichi Pharmaceutical Co., Ltd. (1999)	Vitaminas	$25	Internacional	Japão
Nippon Gohsei (1999)	Sorbatos	$21	Internacional	Japão
Pfizer Inc. (1999)	Maltol/ Eritorbato de sodio	$20	Internacional	Estados Unidos
Fujisawa Pharmaceuticals Co. (1998)	Gluconato de sódio	$20	Internacional	Japão
Dockwise N.V. (1998)	Transporte marítimo	$15	Internacional	Bélgica
Dyno Nobel (1996)	Explosivos	$15	Nacional	Noruega
F. Hoffmann-LaRoche, Ltd. (1997)	Ácido cítrico	$14	Internacional	Suíça

(45) Disponível em http://www.ftaa-alca.org/ngroups/NGCP/Publications/inf04Rev2_s.doc, acesso em 14.jan.2006.

Acusado (exercício fiscal)	Produto	Multa (milhões)	Âmbito geográfico	País
Eastman Chemical Co. (1998)	Sorbatos	$11	Internacional	Estados Unidos
Jungbunzlauer International (1997)	Ácido cítrico	$11	Internacional	Suiça
Lonza AG (1998)	Vitaminas	$10.5	Internacional	Suiça
Akzo Nobel Chemicals, BV & Glucona, BV (1997)	Gluconato de sódio	$9	Internacional	Holanda
ICI Explosives (1996)	Explosivos	$10	Nacional	Grã-Brentanha
Mrs. Baird's Bakeries (1996)	Pan	$10	Nacional	Estados Unidos
Ajinomoto (1996)	Lisina	$10	Internacional	Japão
Kyowa Hakko Kogyo, Co., Ltd. (1996)	Lisina	$10	Internacional	Japão

Os cartéis internacionais detectados pelas autoridades antitruste a partir da década de 90, não são chancelados[46] por qualquer Estado soberano, o que os torna enquadráveis nos denominados cartéis clássicos e têm características que devem ser adicionadas às encontradiças nos cartéis de forma geral.

Na maior parte dos cartéis internacionais detectados a partir da década de 90, estão presentes as mesmas características: mercados concentrados, com a presença de poucos agentes, produtos com elevada homogeneidade e atuação por intermédio de associações que viabilizavam reuniões e estabeleciam as regras do conluio[47].

---

(46) Não são considerados cartéis destinados a exportação e enquadrados em qualquer regra de isenção de sua conduta ou efeitos por autoridades antitruste.

(47) A produção de ácido cítrico, por exemplo, estava concentrada nos EEUU, Europa e China. Como destaca Levenstein *et al.*, (*op. cit.*, p. 14), no final da década de 90, as indústrias instaladas nesses territórios respondiam por cerca de 88% da oferta do produto no mercado mundial. Em 1991, a distribuição do mercado entre os integrantes do cartel tinha os seguintes percentuais, resultantes em cerca de 60% do mercado global de ácido cítrico:

Pfizer/ADM — 8%; Bayer/Haarmann & Reimer — 14%; Cargil/A.E.Staley e Jungbunzlauer 11%; Bayer, Hoffmann-La Roche — 13%; Biocor, Palcitric, Citurgia Biochemicals, Companhias chinesas, Aktiva, Godot Israel (participação inferior)

Além dessas características, via de regra, esses cartéis tiveram em comum: (I) o desprezo pela legislação antitruste, (II) participação direta de membros da alta direção das empresas, (III) participação direta da alta direção, (IV) utilização de associações de classe para encobrir o cartel, (V) esquemas para fixação de preços, (VI) estratégias de retaliação, (VII) mecanismos periódicos de monitoramento do comportamento dos membros do cartel, (VIII) esquemas de compensação, (IX) encontros para organização do orçamento do cartel *(budget meetings)*[(48)].

Desprezo pela legislação antitruste

Um dos aspectos verificados com freqüência em cartéis com atuação internacional diz respeito ao total desprezo de seus membros pela legislação antitruste de uma forma geral. *Griffin*[(49)] destaca que há um pleito de que seja dado um tratamento mais brando aos membros do cartel residentes fora do território norte-americano, diante do tratamento diferenciado atribuído aos cartéis no país de residência do infrator.

Os cartéis internacionais estão relacionados com atividades típicas de cartéis clássicos, como acordos de fixação de preço, acordos em licitação, divisão de mercados e consumidores. Ou seja, a união dos agentes para o cometimento da conduta anticompetitiva é guiada por razões eminentemente econômicas e não por qualquer outra questão, como o desconhecimento da conduta como ilícita ou identidade lingüística ou cultural.

As autoridades antitruste têm verificado nas provas colhidas na investigação de cartéis internacionais elementos que comprovam o contrário, ou seja, o conhecimento do caráter ilícito da conduta por seus partícipes, valendo-se de estratégias que mascarem o comportamento das autoridades de concorrência, marcando suas reuniões em lugares diferentes e muitas vezes naqueles em que

---

(48) GRIFFIN, James. *An inside look at a cartel work: common characteristics of international cartels* — speech presented at Omni Shoreham Hotel, Washington, D.C., April 6, 2000, disponível em www.usdoj.gov/atr/public/speeches/4489.htm, acesso em 10.out.2005.

(No mesmo sentido, SPRATLING, Gary. *apud* Martinez, Ana Paula. "Defesa da concorrência: o combate aos cartéis internacionais". *Revista do IBRAC*, São Paulo, 2003, vol. 10, n. 1, p. 176.

(49) Loc. cit.

não estejam estabelecidas comercialmente, utilizando códigos, reuniões secretas, telefones residenciais, entre outras estratégias com o objetivo de mascarar a conduta para que não seja alcançada pelas autoridades antitruste[50].

Participação direta da alta direção

Nos cartéis com atuação em mercados internacionais geralmente se verifica a participação de executivos responsáveis por decisões estratégicas da empresa em mais de um mercado.

Nos casos do cartéis internacionais de lisinas, no de vitaminas e no de ácido cítrico[51], por exemplo, verificou-se o envolvimento de diversos membros da direção geral das organizações envolvidas, possuindo os mesmos ampla informação sobre o caráter ilícito da conduta. O executivo de uma das empresas envolvidas no cartel das vitaminas, a *F. Hoffmann La Roche*[52], continuou engajado no

---

(50) No caso do cartel das lisinas, por exemplo, o Departamento de Justiça norte-americano, por intermédio de sua Divisão Antitruste, efetuou gravações do comportamento dos integrantes deste grupo, apesar das tentativas dos membros do cartel que reunia os cinco maiores produtores de lisina no mundo de ocultar a movimentação deles, inclusive simulando os momentos de chegada e saída das reuniões. O primeiro encontro ocorreu na cidade de Atlanta, na Geórgia, ocasião em que era realizada a maior convenção da associação das indústrias de aves, concentrando, na cidade, consumidores dos produtos das empresas cartelizadas. Um dos trechos da fita demonstra o tom jocoso dos membros do cartel, imaginando que poderiam ser observados pelos consumidores ou por autoridades antitruste. Outro ponto interessante diz respeito à existência de assentos vagos na reunião que os membros do cartel indicavam ser destinados ao maior adquirente de lisina nos EEUU, *Tyson Foods* e a *Con Agra*, um grande consumidor norte americano. Um outro membro do cartel ironiza que os demais assentos vagos destinavam-se ao *FBI* e um terceiro acresce que o remanescente destinava-se à *Federal Trade Comission*. De fato é pitoresco verificar que logo após esse diálogo, bate à porta um agente do FBI, disfarçado de mensageiro do hotel, levando para o agente do cartel que cooperava com as autoridades antitruste norte americanas uma pasta executiva com um gravador implantado, sob a alegação de que fora a mesma esquecida no restaurante do hotel.

(51) Como destaca LEVENSTEIN *et al, op. cit.,* p. 16, a estrutura utilizada pelos membros do cartel do ácido cítrico era bastante elaborada no que atine às reuniões entre os partícipes. No início da conduta, em 1991, apenas os executivos com posições estratégicas nas organizações que representavam, os denominados "masters", eram os que se reuniam. Em 1993, as reuniões passam a abranger outros executivos, com posições menos estratégicas, os denominados "sherpas", cuja função era verificar o cumprimento mais específico da conduta, bem como de resolver as desavenças entre os partícipes.

(52) GRIFFIN, James. (*op. cit.*, p. 6.) lembra que o comportamento adotado pelo executivo do Laboratório F. Hoffmann — La Roche de continuar envolvido no cartel das vitaminas, após confessar e pagar a multa no cartel das lisinas reforça a idéia de absoluto desrespeito às normas antitruste e a própria arrogância dos envolvidos.

cartel mesmo após ter admitido sua culpa e efetuado o pagamento de multa por envolvimento no cartel do ácido cítrico *(citric acid conspiracy).* Outros executivos com posições estratégicas naquela empresa, e portanto, que deveriam ter encerrado a participação da empresa no cartel das vitaminas, de forma dolosa, valeram-se da confissão e do pagamento da multa no primeiro cartel bem como de depoimentos falaciosos como estratégia para despistar as autoridades antitruste e prosseguir na liderança da conduta colusiva no cartel das vitaminas.

Utilização de associações de classe para encobrir o cartel

Outro traço característico dos cartéis internacionais é a utilização de associações de classe para mascarar o comportamento anticompetitivo. No cartel das lisinas, por exemplo, houve a criação de um grupo de trabalho relacionado a aminoácidos no âmbito da Associação Européia de Aditivos para Alimentos. Valendo-se da reputação e seriedade dessa associação, o referido grupo reunia-se para manobrar as condições de mercado e viabilizar o cartel. A Polícia Federal dos Estados Unidos (FBI), ao filmar uma das reuniões realizadas pelos membros do cartel de lisinas, verificou que a Associação Européia de Aditivos como escudo para o caráter ilícito da conduta, elaborando agendas e minutas fictícias, que eram remetidas à sua sede, em Bruxelas.

Esquemas para fixação de preços

Para o êxito do cartel internacional, os agentes têm recorrido a esquemas sofisticados de fixação de preços[53]. Como observa *Connor*[54], os acordos de preço não são estratégias fáceis de serem adotadas, eis que as empresas se colocam em uma situação semelhante àquela do dilema do prisioneiro, como, por exemplo, a tentativa de colocar o preço acima do custo marginal, gerando incentivos

(53) LEVENSTEIN *et al. (op. cit.*, p. 16), destacam a fixação de preços e a alocação dos produtos a serem vendidos, no caso do cartel do ácido cítrico de forma global, baseado em estratégias de coordenação do preço anunciado, por intermédio do monitoramento do preço praticado por participante e da conferência do volume vendido. O controle mensal permitia verificar o percentual de venda individual e o reflexo na quantidade anual vendida. Caso a quantidade vendida fosse superior à cota definida, o partícipe que havia excedido o limite estabelecido deveria compensar o membro que não tivesse conseguido atingir suas metas, colocando seu produto no mercado.

(54) CONNOR, *op. cit.*, p. 7.

à deserção. Para se garantir a eficácia dos cartéis, recorre-se, via de regra, a acordos de fixação de preços, à divisão de mercados ou o estabelecimento de cotas[55].

Quanto à dimensão geográfica, os esquemas de fixação de preços podem ser concebidos de forma global, regional ou local, sendo opinião uníssona que os prejuízos gerados aos consumidores, independem de onde os cartéis se encontrem, uma vez que a conduta conduz invariavelmente à elevação artificial de preços na dimensão global.

No caso das lisinas, por exemplo, os preços praticados no território norte-americano funcionavam como parâmetro para a fixação de preços nos demais países[56]. As gravações efetuadas pelas autoridades americanas durante a investigação deste cartel mostram os representantes das empresas cartelizadas reunidos num quarto de hotel no Havaí negociando de forma minuciosa os preços a serem praticados para a venda de lisina no território norte americano. A negociação abrange não apenas os preços a serem praticados internamente no território norte americano, o padrão monetário a ser adotado na cobrança do preço a ser praticado e as unidades de peso em outros territórios onde o cartel tinha atuação.

Estratégias de retaliação interna dos cartéis

Para garantir a eficácia do acordo colusivo, são adotados, em geral, mecanismos para minimizar as tentativas de deserção ou comportamentos oportunistas pelos membros. O comportamento oportunista pode ocorrer, por exemplo, pela colocação no mercado de quantidade superior à cota definida para o membro do cartel, ou ainda, pela prática de preços inferiores. A prática reiterada de condutas oportunistas acaba conduzindo à deserção, pois o desertor percebe a possibilidade de se manter no mercado sem o cartel.

A existência de capacidade ociosa, bem como a manutenção de estoques, representam mecanismos hábeis para conter even-

---

(55) Como destacado na publicação da OCDE e como destacado por GRIFFIN (*op. cit.*, p. 10), a dimensão internacional dos mercados à utilização de acordos de alocação de mercados, tipos de consumidores e volume de produção como mecanismos necessários à efetividade dos preços a serem praticados pelos cartéis internacionais. Embora esta seja uma característica que possa ser destacada, entendemos que como serve de instrumento para garantir a eficácia dos preços, sua abordagem individual não se mostra necessária.

(56) GRIFFIN, James. (*op. cit.*, p. 9).

tuais tentativas de abandono da colusão, haja vista permitirem a qualquer momento, o incremento da produção impedindo que os reflexos no mercado do sucesso da estratégia do desertor.

Outra forma de retaliar o oportunista desertor é a recusa de negociação por parte do cartel com empresas que tenham se relacionado com o transgressor. Isso ocorre, por exemplo, em relação a fornecedores de um insumo escasso, o que pode arruinar os que não aderiram ao cartel(57).

Mecanismos de monitoramento do comportamento dos membros do cartel

No intuito de inibir qualquer tentativa de aumento de participação relativa de um membro do cartel, as empresas que o compõem estabelecem mecanismos para monitorar o cumprimento do que foi estabelecido, que vão desde a criação de programas específicos de monitoramento a vários tipos de cartéis, como o de notas fiscais emitidas, o de orçamento anual ou dos volumes do produto disponibilizado para venda(58).

O monitoramento do comportamento dos agentes da conduta colusiva com vistas à manutenção da estabilidade do cartel é de particular importância para a sobrevivência do cartel. Daí por que o grupo investe em estratégias para a coleta de informações, inclusive promovendo reuniões com a presença dos dirigentes das empresas, no intuito de comparar as informações de mercado e solucionar as condutas oportunistas ou tentativas de deserção(59).

Esquemas de compensação

Diante da possibilidade de um membro vender mais que os outros, o cartel pode adotar esquemas de compensação, visando o

---

(57) No caso do cartel das lisinas, os mecanismos de retaliação foram citados de forma explícita em reunião realizada em 25.10.93, na cidade de Irvina, Califórnia, como estratégia de inibir eventuais demonstrações de descontentamento diante da sugestão de esquemas de alocação de volume do produto a ser ofertada membro a membro do cartel.

(58) Os componentes do grupo cartel do ácido cítrico adotavam estratégias globais e regionais de monitoramento do comportamento dos demais partícipes, coordenando ações de divulgação de preços, promovendo o acompanhamento do preço e das quantidades vendidas pelos demais atores. Nesse sentido, U.S. Department of Justice. *Justice Department's ongoing probe into food and feed additives yields second largest fine ever. Press Release. January* 29, 1997.

(59) STIGLER, *apud* Connor, *op. cit.*, p. 9.

equilíbrio das participações relativas. Um tal esquema inibe manobras que geram desconfianças ou acentuam as possibilidades de deserção ao cartel.

No caso do cartel das lisinas, cada membro que efetuasse vendas superiores aos parâmetros inicialmente estabelecidos, por intermédio do acordo de cotas ou por verificação do orçamento, deveria compensar os demais integrantes do conluio que tivessem obtido renda inferior ao que fora estabelecido pelo cartel, comercializando a lisina destes integrantes[60].

Encontros para organização do orçamento do cartel

Os cartéis, via de regra, realizam encontros para verificar o orçamento de seus membros e, assim, avaliar a eficácia da própria conduta.

No caso dos cartéis internacionais, verificou-se que as questões orçamentárias eram discutidas por executivos que ocupavam as mais diversas posições nas empresas que representavam. A periodicidade das reuniões não depende apenas do nível em que os executivos se situavam nas empresas que representavam, mas também do orçamento como mecanismo de controle de eficácia da conduta[61]. Pelo orçamento é possível verificar o cumprimento ou não dos esquemas de cotas, possibilitando a realização de ajustes entre os membros, por intermédio dos esquemas de compensação. No caso do cartel das lisinas, as vendas e as cotas de cada membro eram estabelecidas e auditadas pelos integrantes em uma dimensão local, assim considerada a pertencente a um único país, numa dimensão regional, bem como na dimensão global.

2.4.2. Paralelismo consciente: a ausência de conduta

Os mercados oligopolizados se caracterizam pela interdependência do comportamento das empresas oligopolistas, interdependência esta que não necessariamente representa a existência de um conluio.

A interdependência que caracteriza o oligopólio induz os agentes econômicos a observarem o comportamento dos rivais, tendo

(60) GRIFFIN, James. *Op. cit.*, p. 11.

(61) *Vide* nota 43.

em vista que as alterações nos preços e nas quantidades ofertadas podem causar efeitos no segmento como um todo. Assim, é natural que as empresas levem em consideração a reação de suas concorrentes ao decidir sobre seus próprios comportamentos[62]. Em mercados onde há poucos vendedores, a redução de preços que produz uma expansão substancial nas vendas de um vendedor irá resultar em uma contração tão significativa das vendas dos concorrentes que reagirão prontamente, igualando a redução[63].

Assim, a política de concorrência tem sua atuação focada nos acordos entre empresas que possam indicar abuso — tais como preços predatórios, elevação de preços dos rivais, restrições verticais — e nos meios pelos quais essa posição dominante é conquistada e mantida, objetivando, analisar o poder de monopólio e o comportamento estratégico dos atores[64]. A dificuldade de fixação dos preços de forma individual pode levar os agentes a atuarem de forma colusiva, no intuito de maximizarem seus lucros[65].

A observação mútua dos agentes estabelecidos no mesmo mercado propicia a adoção de um único padrão, que tende a se repetir, ao longo do tempo, na formação dos preços, com pouca possibilidade de mudanças[66]. Assim, estrutura oligopolizada do mercado e os preços idênticos não são condições suficientes para a determinação de ocorrência de cartel, diante da existência de outros comportamentos como o denominado paralelismo consciente, que pode indicar um procedimento racional no comportamento dos agentes, em um segmento específico de atividade e não configurar infração antitruste[67].

Em um mercado oligopolizado, a redução de preços de qualquer dos produtores representará um impacto na quantidade e nos

---

(62) MARLARD, Neide Terezinha. *Op. cit.*, p. 43.

(63) POSNER, Richard. *Antitrust law, an economic perspective.* Chicago: The University of Chicago, 1996. 43

(64) FARINA, Elizabeth. *Revista de Direito da Concorrência*, n. 6, Brasília: IOB, abr./jun., 2005, pp. 29-59.

(65) MALARD, Neide Terezinha, *op. cit.*, p. 38.

(66) *Op. cit.*, p. 43.

(67) Como externado no julgamento do Processo Administrativo n.. 08000.015337/1997-48, no qual figurava como representada a Cia. Siderúrgica Nacional, o então Conselho Ruy SantaCruz, "se uma situação de mercado só puder ser explicada pela formação de cartel, este restará configurado. Entretanto, se houver outra explicação mais racional para o procedimento das empresas ou para o que aconteceu no mercado, a infração não estaria configurada".

preços dos demais, como estratégia de adequação à redução, que pode ou não ser vista como colusão[68]. Assim, a coincidência de preços ou de outras práticas comerciais entre agentes do mesmo mercado pode sinalizar a utilização de estratégias resultantes da interdependência e não um conluio.

Há uma linha tênue que separa o cartel de outros comportamentos paralelos. Daí as dificuldades enfrentadas para se configurar a conduta colusiva, sobretudo diante da escassez de provas que indiquem a existência de um acordo expresso entre os agentes[69]. Nos Estados Unidos, por exemplo, até 1940[70], as cortes norte-americanas só admitiam a condenação de empresas ou pessoas por uma conduta cartelizada em face de provas diretas da ocorrência do fato. Todavia, no julgamento do caso *American Tobacco Co. et al. versus* U.S. 328 U.S. 781[71], passou-se a entender que não era imprescindível a existência de um acordo formal para se considerar uma conspiração como ilícita, podendo tal concerto ser inferido de negócios celebrados entre as empresas, bem como da troca de correspondência entre elas.

O oligopolista, como racional-maximizador, comporta-se da mesma maneira que um vendedor racional em um mercado competitivo. Na busca de alcançar lucros cada vez mais significativos, pode, no entanto, adotar uma estratégia individual ou um comportamento colusivo[72].

---

(68) POSNER, Richard A. *Antitrust law, an economic perspective.* Chicago: The University of Chicago, 1996, p. 43.

(69) PFEIFFER, Roberto. *Revista de Direito da Concorrência*, n. 6, Brasília: IOB/CADE, abr./jun., 2005, pp. 98-121.

(70) *Ibidem.*

(71) Em 23 de junho de 1931 a empresa Reynolds aumentou os preços dos cigarros Camel, sua marca com maior Em poder de venda, de US$ 6.40 para US$ 6.85 o milhar. No mesmo dia a American Tobacco Co. aumentou os preços dos cigarros Lucky Strike e a Ligget & Myers procedeu ao aumento de preço dos cigarros Chesterfield, alcançando o mesmo preço final. Nenhuma das empresas ofereceu justificativa razoável de aumento de preços. A Reynolds alegou que confiava no futuro da indústria de cigarros e a American Tobacco, inicialmente, que viu no aumento uma oportunidade de incremento de lucros, passando, em seguida, a justificá-lo como estratégia para incremento dos gastos com publicidade. A Ligget utilizou o mesmo argumento. Restou comprovado nos autos que alguns distribuidores que tentaram adquirir cigarros das empresas antes do anúncio de aumento de preços não conseguiram fazê-lo, com registro da recusa de encomendas por parte da American Tobacco e a Ligget. As empresas que detinham cerca de 90% da produção dos cigarros norte-americanos tiveram o incremento de lucro, apesar da diminuição do volume de vendas. *Cf. American Tobacco Co. et al. versus U.S.* 328 U.S. 781 (1946).

(72) *Ibidem.*

O paralelismo, portanto, por si só, não configura uma conduta anticompetitiva, pois não se pode negar que algumas características estruturais do oligopólio influenciam as decisões individuais de cada empresa, não sendo suficientes para a configuração da conduta ilícita, que requer elementos adicionais *(plus factors)* para a identificação de seu objetivo anticompetitivo[(73)].

A análise de estratégias que indiquem a existência de comportamento paralelo, característico de determinados mercados relevantes, mas que não configuraria uma conduta cartelizada, tem sido feita à luz da doutrina do denominado "paralelismo *plus*", que consiste na busca de elementos adicionais ao comportamento paralelo, para que se possa decidir ou não pela existência de um cartel[(74)].

Em face da existência de um comportamento paralelo deve-se buscar a presença de outros fatores para que se possa verificar a existência ou não de conduta colusiva. Assim, não bastam as características estruturais que facilitam a prática de condutas colusiva entre os concorrentes, sendo necessários outros elementos, como encontros entre representantes das empresas, mecanismos que facilitem a comunicação entre os agentes; o histórico de ações colusivas entre as empresas ou a adoção de estratégias contrárias ao interesse isolado dos atores em prol de uma ação coletiva, indicando uma presunção de racionalidade no comportamento dos agentes[(75)].

A verificação desses elementos possibilita às autoridades antitruste distinguir uma conduta colusória, que exige algo mais dos agentes do que a mera observância do comportamento dos rivais, daquelas ouras que efetivamente importam um conluio com efeitos deletérios sobre o mercado.

Como já foi dito, os efeitos nocivos dos cartéis internacionais são sentidos muito além dos mercados em que as empresas estão sediadas. Como será visto adiante, a existência de limites geográficos para a aplicação de sanções pelas autoridades antitruste limita

---

(73) SCHUARTZ, Luis Fernando. *Op. cit.*, p. 121.

(74) PFEIFFER, Roberto. *Loc. cit.*, p. 109.

(75) KOVASIC, William. *The identification and Proof of Horizontal Agreements under the Antitrust Laws*, Antitrust Bulletin, 5, 1993, *apud* PFEIFFER, *op. cit.*, p. 112.
No mesmo sentido, SCHUARTZ, Luís Fernando. *Op. cit.*

algumas tentativas de deserção da conduta, diante da possibilidade de que o cartel se instale em um determinado território e tenha atuação em outros.

Outro ponto que deve ser destacado refere-se às solicitações de medidas *antidumping*(76) ou de salvaguardas, para não se possibilitar a adoção de um comportamento anticompetitivo(77), reforçando as barreiras entre os agentes em mercados já naturalmente concentrados ou de difícil ingresso(78). Sob o argumento de proteger seus mercados internos, seja por entender que não permitem a con-

---

(76) O *Dumping* pode ser definido como a prática em que se efetua a venda de um bem por um preço menor que seu valor normal, assim considerado o preço cobrado no mercado interno ou relativo ao custo de sua produção.

("O *dumping* geralmente é cometido no intuito de gerar economias de escala, marcadamente em setores da atividade econômica em que não se consegue reduzir a produção, dada à necessidade de operar em larga escala para que a produção seja economicamente viável. Não é por acaso que setores como o siderúrgico e o petroquímico são sempre alvo de acusações de dumping no mundo", cf. CARVALHO, Nuno. *As concentrações de Empresas no Direito Antitruste*. São Paulo: Editora Resenha Tributária, 1995, p. 33.

É o que se verifica na reclamação formulada pelas empresas Altos Hornos de México S.A. e Hylsa S.A., em 24 de maio de 1993, contra os fabricantes de aços laminados do Brasil, da Venezuela, do Canadá, da Coréia do Norte, da África do Sul e dos Estados Unidos. *ibidem*

(77) Na verdade, em 1904, quando a primeira norma *antidumping* foi proposta pelo Ministro das Finanças do Canadá, ressaltava-se, de forma fundamentada que trustes estrangeiros estariam tentando conquistar o mercado local, praticando preços baixos para em um segundo momento elevá-los. SKYES, *apud* BARRAL, Welber Oliveira. *A regulação Antidumping após a Rodada Uruguai: Impacto para os processos de integração*, tese apresentada como requisito à conclusão de doutorado da faculdade de direito da Universidade de São Paulo, 1999, p. 16, cita parte do discurso do ministro W.S. Fielding:

> "We find today the high tariff countries have adopted that method trade which hasnow come to be knows as dumping; that is to say, that the trust or combine, having obtained command and control of its own market and finding that it will have surplus of obtaining control of neighboring market will put aside all reasonable considerations with regard to the cost or fair price of the goods; the only principle recognized is that the goods must be sold and the market obtained. They send the goods here with the hope and expectation that they will crush out the native Canadian industries. And The Canadian industries crushed out, what would happen? The end of cheapness would come, and the beginning of dearness would be at hand".

(78) Os membros do cartel de produtores de eletrodos de grafite, alegaram às autoridades norte-americanas que estavam se reunindo no intuito de impedir que algumas empresas não tivessem acesso às tecnologias envolvidas no processo de produção de eletrodos de grafite, minimizando o ingresso de entrantes não comprometidos. *US. Departament of Justice. Japanese Subsidiary Charged with International Conspiracy to Fix Prices for Graphite Electrodes in the U.S.*, Press Release, *February* 23, 1998, *apud* CONNOR, *op. cit.*, p. 11.

secução de objetivos de política econômica, como ocorre no caso de *dumping*, seja por se crer que produzem distorções no mercado, vários países acabam utilizando alguns desses mecanismos, causando efeitos não desejáveis além de suas fronteiras, eximindo-se muitas vezes de corrigi-los sob o argumento de que isso implicaria efeitos nocivos no âmbito doméstico[79].

(79) GUEDES, Josefina M. e PINHEIRO, Silvia. *Antidumping, Subsídios e Medidas Compensatórias*. São Paulo: Aduaneiras, 1993, p. 37, destacam que a freqüência com que os Estados Unidos utilizavam os direitos antidumping na forma de barreiras não tarifárias sempre foi motivo de inquietação de outras nações desenvolvidas, o que fez com que a disciplina passasse a ser imposta pelo GATT.

3. A IMPORTÂNCIA DO ESTUDO DO SISTEMA AMERICANO E EUROPEU DE DEFESA DA CONCORRÊNCIA NA PERSECUÇÃO A CARTÉIS INTERNACIONAIS

Todos os países que possuem legislação de defesa da concorrência preocupam-se com as manifestações de poder por parte de agentes econômicos que impliquem em condutas anticompetitivas, como os cartéis, adotam, em geral, o critério da ilicitude *per se* ou o critério da razão, ou uma combinação de ambos. Para analisar cada um desses critérios é importante descrever o momento histórico em que foram originados, diante de sua importância no estudo de direito da concorrência.

Assume relevo a análise do sistema norte-americano, uma vez que a legislação antitruste dos EUA propiciou a criação das regras utilizadas nas legislações antitruste que hoje vigoram em diversos países, diante das disposições e da eficácia da legislação norte-americana que proíbe estruturas anticompetitivas como os cartéis, o denominado Sherman Act que, desde sua edição em 1890, tem sido aperfeiçoada e vigorosamente executada pelo governo daquele país. Os julgados proferidos pelos tribunais dos Estados Unidos têm servido de paradigma para o julgamento de condutas levadas a efeito em outras nações e certamente contribuído para a diferenciação econômica daquela nação[1].

3.1. A DEFESA DA CONCORRÊNCIA NOS ESTADOS UNIDOS

Apesar da primeira lei de defesa de concorrência ser canadense, editada em 1889, o contexto histórico e produtivo da sociedade norte-americana, bem como a eficácia do primeiro diploma

---

(1) BARBIERI FILHO, Celso. *Apud* Bastos, Celso Ribeiro. *Direito Econômico Brasileiro*. São Paulo: Celso Bastos Editora, 2000, pp. 136-137.

antitruste deste país, tornam paradigmática a legislação norte-americana sobretudo no que se refere aos estudos que envolvam defesa da concorrência, inclusive no que se refere à repreensão dos cartéis internacionais. A contextualização histórica a partir da edição dos diplomas legais antitruste norte-americanos permite verificar a eficácia da legislação antitruste como mecanismo hábil na manutenção de uma concorrência efetiva e potencial entre os diversos atores estabelecidos no mercado, para que nenhum deles se valha de sua posição para cometer abusos.

A Revolução Industrial fez surgir a necessidade de expansão dos mercados, em razão, sobretudo, das economias de escala.

Apesar das diferenças que marcaram a colonização do território norte-americano, verifica-se, naquele país, um ambiente econômico semelhante ao encontrado na Europa em meados do século XIX. Com a aceleração da economia norte-americana, observou-se o aparecimento das grandes empresas e conglomerados urbanos, ambiente propício para a intensificação das contradições próprias do modelo capitalista de produção.

O modelo produtivo, típico da colonização daquele país, baseado em pequenas unidades produtivas e a atividade agrícola, passa com a aceleração da economia norte-americana a ser paulatinamente substituído por um modelo industrial, observando-se com o aparecimento das grandes empresas e conglomerados urbanos, ambiente propício para a intensificação das contradições(2) próprias do modelo capitalista de produção, conseqüentes da guerra civil entre o norte e o sul do país(3).

---

(2) De acordo com Tocqueville, A. *in A Democracia na América: leis e costumes de certas leis e certos costumes políticos que foram naturalmente sugeridos aos americanos por seu estado social democrático.* Tradução de Eduardo Brandão. São Paulo: Martins Fontes, 1998, p. 53) ao estudar os anglo-americanos devemos distinguir com cuidado o que é de origem puritana e o que é de origem inglesa. A partir desse ponto pode-se entender porque as leis na América, como assevera o próprio *Tocqueville*, são feitas pelos pobres, estando-lhes reservadas grandes vantagens na sociedade.

(3) TOCQUEVILLE, A. (*op. cit.*, p. 429) ao tecer considerações quanto à duração da União nos Estados Unidos mostra algumas características divergentes do povo do norte para com o povo do sul e que contribuíram para a industrialização da primeira região, em detrimento da segunda:

"Os Estados do Sul são quase exclusivamente cultivadores; os Estados do Norte são particularmente manufatureiros e comerciantes; os Estados do Oeste são ao mesmo tempo manufatureiros e cultivadores. No Sul, colhe-se fumo, arroz, algodão e açúcar; no Norte e no Oeste, milho e trigo. São fontes diversas de riqueza, mas para beber nessas fontes há um meio comum e igualmente favorável a todos: a união".

Os americanos do norte, na condição de vencedores, passaram a exercer o controle sobre as estradas de ferro. A dimensão continental do país exigia a utilização intensiva das ferrovias por todos aqueles que precisavam escoar seus produtos para outras regiões. Os agricultores foram estimulados a comprar ações dessas ferrovias tendo em vista os benefícios ao transportar seus produtos agrícolas, mas se tornaram vítimas de tentativas de concentrações que levavam as empresas ferroviárias, com o auxílio do Estado, a reforçarem suas posições no mercado, alcançando, muitas vezes, o monopólio.

Apesar da submissão das companhias de estradas de ferro ao controle exercido, desde 1887, pela *Interstate Commerce Commission* (I.C.C.), que teve seus poderes paulatinamente ampliados, algumas concentrações não foram inicialmente obstaculizadas, como se verifica na estratégia expansionista adotada pela *New York Central Railroad Co.*, controlada pela família Vanderbilt.

Após esse episódio, a I.C.C. passou a se opor às estratégias que pretendiam distorcer as relações de concorrência no setor ferroviário, muitas vezes levando à dominação de mercado, como se verificava na análise do caso *United States v. Joint Traffic Association*[(4)], bem outros setores da indústria norte americana expressando-se por intermédio de trustes e cartéis.

O poder de tais organizações, impondo preços de monopólio e com crescente influência nas esferas políticas, apesar do incremento da produção e de ganhos, gerava a insatisfação de diversos setores da economia norte-americana, o que indicava a necessidade de adoção de providências por parte do Estado para frear tais condutas.

No intuito de reforçar as diferenças entre a industrialização do Norte e a manutenção da estrutura agrícola do Sul, *Tocqueville* (*op. cit.*, p. 433) destaca a servidão que influencia a capacidade comercial dos americanos do sul, mostrando que o americano do sul "desde o seu nascimento se acha investido de uma espécie de poder ditatorial doméstico; as primeiras noções que recebe da vida fazem-no entender que nasceu para mandar, e o primeiro hábito que contrai é dominar sem dificuldade. A educação tende, pois, a fazer do americano do Sul um homem altivo, impetuoso, irrascível, violento, ardente em seus desejos, impaciente ante os obstáculos; mas, fácil de desanimar, se não consegue triunfar de primeira". O americano do norte, por sua vez, como não dispõe de serviçais e desde cedo conhece limites, aprende a colocar o bem-estar acima de todos os prazeres do espírito e do coração, fazendo com que cada um dos seus membros, na busca de sua felicidade individual contribua para a felicidade de todos.

(4) 171 U.S. 505, 19 S. Ct. 25 (1898)

Após cerca de dois anos de tramitação e discussão, em 12.7.1890 verifica-se a edição da Lei Pública n. 190, primeira lei antitruste norte americana, resultado de projeto apresentado ao Congresso norte-americano pelo Senador John Sherman. A partir de sua edição, o denominado *Sherman Act*(5) considera ilegal as tentativas de monopolização do comércio e toda combinação ou conspiração no intuito de restringir o mercado, inclusive entre nações estrangeiras. A importância desse diploma é exaltada nos estudos relacionados ao poder econômico na modernidade.

Apesar da multiplicidade de valores e objetivos que levaram à sua criação, e das críticas formuladas à redação de seus dispositivos, o *Sherman Act* visava preponderantemente coibir os efeitos dos cartéis e monopólios, tutelando a concorrência(6), como se verifica de sua redação:

> *"Section 1: Every contract, combination in the form of trust or otherwise, or conspiracy, in restraint of trade or commerce among the several States, or with foreign nations, is declared to be illegal. Every person who shall make any contract or engage in any combination or conspiracy hereby declared to be illegal shall be deemed guilty of a felony, and, on conviction thereof, shall be punished by fine not exceeding [$10 million] if a corporation, or if any other person, [$350,000], or by imprisonment not exceeding [3 years], or by both said punishments, in the discretion of the court".*
>
> *Section 2: Every person who shall monopolize, or attempt to monopolize, or combine or conspire with any person or persons, to monopolize any part of the trade or commerce among the several States, or with foreign nations, shall be deemed guilty of a felony [and is similarly punishable].*

---

(5) 15 U. S. C. A. §§ 1, 2.

(6) HOVENKAMP, H. (*op. cit.*, pp. 49-50) menciona que algumas posturas adotadas pelo Congresso Norte-americano, à época, tornam difícil justificar a aprovação do *Sherman Act* com o objetivo de proteger o consumidor. Para tanto, mostra a aprovação, em período próximo, do McKinley Tarrif, que reputa como uma das formas mais abrangentes de cobrança de tributos, sem preocupações com o consumidor. Além disso, destaca que a década que antecede o ano da edição do *Sherman Act* é, na verdade, marcada pelo declínio de índices de preço ao consumidor. Outro ponto por ele mencionado é a queda dos preços praticados pela *Standard Oil Company*, pelo *trust* da indústria de açúcar e das tarifas ferroviárias, entre outros. Para tanto, traz a explicação de que a aprovação do *Sherman Act* teve por fim a proteção de pequenos empresários, cujas posições no mercado eram fragilizadas pela presença de grandes empresas no mercado.

3.1.1. Regra da ilicitude per se

Logo após sua promulgação, o *Sherman Act* era aplicado pelas cortes americanas de forma quase literal. Os termos amplos dos dispositivos da lei permitiam que juízes e tribunais declarassem ilícita praticamente a totalidade dos contratos comerciais, uma vez que o *Sherman Act* proibia qualquer restrição à concorrência. Acreditava-se que o legislador norte-americano teria adotado a presunção *a priori* de que os atos que implicassem diminuição do grau de concorrência deveriam ser *per se* proibidos(7).

3.1.2. Regra da razão

A orientação jurisprudencial americana passa a ter um importante papel na adequação do direito antitruste à realidade econômica. O sistema *per se condemnation* vai gradativamente perdendo força em prol do entendimento de que seriam proibidas as práticas restritivas tidas por não razoáveis, apesar da insegurança jurídica que tal conceito poderia gerar.

Ainda em conseqüência da depressão econômica de 1883, diversos setores da economia norte-americana apresentaram problemas estruturais e passaram a requerer investimentos significativos, muitas vezes obstados pela literalidade da aplicação da legislação antitruste em vigor, o que indicava a necessidade premente de mudanças.

No caso United States v. Trans-Missouri Freight Association(8), que contemplava a ocorrência ou não de cartelização do segmento ferroviário, discute-se a licitude do acordo estabelecido entre dezoito empresas acusadas de atuar de forma concertada por intermédio da fixação de tarifas.

---

(7) De acordo com HYLTON, Keith. (*Antitrust Law — economic theory and common law evolution.* UK: Cambridge University Press, 2003, p. 29), a aplicação literal do texto levou o Poder Judiciário americano à prolação de decisões equivocadas, como se verifica no julgamento de *United States v. E.C. Knight Co.* (156, U.S. 1, 1895) em que o Tribunal sustentou que a atividade fabril não se enquadrava no conceito de comércio interestadual e que o estatuto em análise não abrangia o monopólio de fabricação de açúcar. No entanto, a própria orientação jurisprudencial ampliou o escopo da atividade legislativa em regular o comércio, assim como o alcance do *Sherman Act* a condutas anticompetitivas cujos efeitos fossem sentidos no mercado, mesmo que limitados à circunscrição de um único Estado.

(8) 166 US, 17 S. Ct. 540 (1897).

A Associação, em sua defesa, alegou que o acordo não violava a Lei Sherman, eis que fixava apenas tarifas, possibilitando a concorrência nas demais atividades desenvolvidas pelas empresas. O relator do acórdão, juiz Peckham, estabeleceu que o artigo 1º do *Sherman Act* proibia todo e qualquer acerto que implicasse limitação da concorrência, não se admitindo como lícitas restrições assim não consideradas pela lei antitruste.

A decisão, no entanto, não foi unânime. Uma das opiniões divergentes foi externada pelo juiz White, considerando que a regra estabelecida no artigo 1º não deveria ser aplicada a acordos considerados razoáveis, como se afigurava o caso em comento, tendo em vista que a fixação de tarifas convencionada entre as empresas inibia a utilização de práticas predatórias, considerando, então, os preços praticados como razoáveis.

A argumentação de que a aplicação literal causava insegurança jurídica foi paulatinamente ganhando força, fato verificado não apenas pela submissão de novos casos ao Poder Judiciário, com o conseqüente surgimento de precedentes, mas como resultado da evolução natural da legislação antitruste, diante da observância de como as empresas e os mercados funcionam(9).

No julgamento do caso *U.S. v. Adyston Pipe & Steel Co.*(10), verifica-se a indicação da ausência de razoabilidade em um acordo secreto empresado por seis produtores de ferro fundido, fixando não apenas os preços de venda dos produtos, mas também dividindo o mercado e a clientela entre os partícipes.

A defesa, valendo-se de argumento semelhante ao exposto pelos acusados no caso *Trans-Missouri Freight Association*(11), sustentou que o acordo deveria ser analisado à luz da *common law*(12) e, portanto, não poderia ser considerado ilegal sob a égide da Lei Sherman. Apesar da conclusão de que a associação realizada entre os produtores de ferro fundido era ilegal por dividir os mercados e

---

(9) HOVENKAMP, R. *Op. cit.*, p. 52.

(10) 85 Fed. 271 (6th Cir. 1898), affirmed, 175 U. S. 211, 20 S.Ct. 96 (1899)

(11) 166 US, 17 S. Ct. 540 (1897).

(12) De fato, identifica-se a origem da regra da razão no *Restraint of Trade* da *Common Law*. Como preleciona BULGARELLI, W. *Concentração de empresas e direito antitruste*. 3ª ed., São Paulo: Atlas, 1997, p. 35, o critério da *common law* baseava-se em determinar se a restrição era ou não razoável aos participantes da união.

fixar os preços a serem praticados, o relator do processo, juiz Taft, admitiu que as restrições à concorrência, muitas vezes inseridas em acordos da espécie, poderiam não constituir seu elemento essencial, mas objetivar, inclusive, a proteção do contratante.

Finalmente, no julgamento do caso *Standard Oil Co. of New Jersey v. United States*[13], a Corte Suprema Americana exterioriza de forma clara a adoção da regra da razão, considerando ilícitas apenas as práticas que venham a restringir a concorrência de forma não razoável[14].

Ao julgar o caso da *Standard Oil Trust*[15], truste responsável pela administração das ações das quarenta companhias envolvidas, com elevado poder econômico, passível de utilização não apenas no mercado de atuação dessas empresas, mas também nos que se encontravam com ele relacionados, o juiz White destacou que o objetivo da Lei Sherman era evitar a existência de restrições desproporcionais ao comércio, mesmo que aparentemente não violassem a seção I do *Sherman Act*, haja vista que a Seção II do referido diploma condenava o poder de monopólio quando fosse abusivo ou não justificável, evidenciado por práticas que poderiam ser levadas a efeito por duas ou mais empresas em combinação[16].

Por ocasião do julgamento do caso *Standard Oil*, o juiz White afirmou que apesar da inexistência de dispositivo neste sentido, a aplicação da Lei Sherman não indicava a necessidade de um padrão, que deveria ser o da razoabilidade, sempre adotado no *common law.* Afastava-se, assim, a aplicação irrestrita de uma ilicitude preestabelecida, passando-se a analisar as condutas de acordo com as regras do *Common Law*[17].

---

(13) Standard Oil Co. (N. J.) v. United States, 221 U.S. 1, 31 S. Ct. 502 (1911).

(14) FORGIONI, p. 184.

(15) cf. BORK, Robert. *The antitrust paradox: a policy at war with itself.* New York: Free Press, 1993, p. 33 e ss.

(16) 221 U.S. at. 61: "In other words, having by the 1st section forbidden all means of monopolizing trade, that is, unduly restraining it by means of every contract, combination, etc., the 2d section seeks, if possible, to make prohibitions of the act all the more complete and perfect by embracing all attempts to reach the end prohibited by the 1st section, that is, restraints of trade, by any attempt to monopolize, or monopolization thereof, even although the acts by which such results are attempeted to be brought about or are brought about be not embraced within the general enumeration of the 1st section."

(17) Cf. Carvalho, Nuno, *op. cit.*, p. 72.

Pela regra da razão, somente são consideradas ilegais as práticas que impliquem restrições não razoáveis ao comércio, permitindo o alcance do fim público contido na lei e a promoção do bem-estar social.

O desenvolvimento da regra da razão, no entanto, não significou a rejeição no sistema norte-americano da regra da ilicitude *per se*. Algumas condutas, como as negociações de fixação de preços e a divisão territorial de preços, típicas de cartéis, continuaram a ser considerados ilegais *per se*, o que implica ausência de qualquer juízo de valor pelas autoridades norte-americanas, acerca dos eventuais benefícios por elas gerados.

No julgamento do caso *U.S. v. Trenton Potteries Co.*[(18)], ao analisar um acordo celebrado por empresas responsáveis por cerca de 80% da oferta de louças para banheiro, em relação aos preços a serem por elas praticados, o juiz Stone[(19)] ponderou que apesar dos preços contemplados se apresentarem razoáveis, havia uma possibilidade de sua alteração, o que poderia resultar em abuso, em detrimento da coletividade e da concorrência, fins últimos da Lei Sherman.

A idéia exteriorizada nesse julgamento é a de que determinados comportamentos adotados pelos agentes econômicos são considerados *per se* ilegais, diante da presunção de que geram efeitos líquidos negativos à dinâmica concorrencial, causando uma restrição direta à concorrência.

Ao se considerar ilícitas *per se* determinadas condutas, há uma demonstração por parte do legislador com o bem-estar nacional, elegendo certos bens e valores como necessários ao desenvolvimento de segmentos específicos da economia nacional, tornando despicienda e onerosa a tentativa de aplicabilidade da regra da razão em seu contexto, como se verifica no caso dos cartéis, diante da presunção do caráter nocivo da conduta.

A diferença em utilizar-se a regra *per se* ou da razão consiste na possibilidade de interrupção do estágio de a análise da conduta enquadrável na regra *per se* em um estágio anterior ao da conduta que

(18) 273 U.S. 392, 47 S. CT. 377, 71 E. Ed. 700 (1927)

(19) Segundo o juiz Stone, "The aim and result of every price-fixing agreement is ... the elimination of one form of competition. The power to fix prices, whether exercises reasonably or not, involves the power to control the market".

se subsume à regra da razão[20]. Há um certo exagero ao se atribuir a diferenciação rígida entre o critério *per se* e o da razão, sediada em questões procedimentais como a necessidade de investigação, de informações que se deve reunir para a tomada de decisão em um determinado caso[21].

Sem dúvida, o cotidiano antitruste demonstra que se pode precisar de mais ou menos investigação, para se chegar à convicção de existência ou não de violação à lei no julgamento de um caso concreto, como bem observa *Hovekamp:*

> Cabe à teoria antitruste estabelecer as necessárias presunções de modo a prover aos trabalhos do analista e do julgador orientação metodológica suficiente para permitir uma dosagem eficiente entre tempo e custo social da investigação, de um lado, e consistência técnica da conclusão, de outro.[22]

Na verdade, o enquadramento das condutas sob a regra *per se* e sob a regra da razão implica diminuição, no primeiro caso, ou na ampliação, na última hipótese, dos padrões de investigação antitruste. Não se trata de rotular categorias de ilícitos anticompetitivos, pois na análise antitruste a presença do efeito anticompetitivo, de forma efetiva ou potencial, é elemento constitutivo da definição jurídica do ilícito antitruste[23], como restou estabelecido demonstrado pela Suprema Corte Norte Americana no julgamento do caso *National Society of Professional Engineers v. United States*[24].

Nos ilícitos em que se aplica a regra da ilicitude *per se* há uma presunção, de que o efeito — efetivo ou potencial — é de fato anticompetitivo[25]. Trata-se de presunção absoluta de ilicitude, eis que não admite prova em contrário, como se verifica do julgamento do caso *United States vs. Socony Vacumm Oil Co.*[26].

---

(20) SCHUARTZ, Luís Fernando. "Ilícito Antitruste e Acordo entre Concorrentes". *In* Possas, Mario (org.). *Ensaios sobre Economia e Direito da Concorrência.* São Paulo. Singular, 2002, p. 114 e ss.

(21) HOVENKAMP, R. *Federal Antitrust Policy.* The law of Competition and its Practice. West Group, 1999, p. 251.

(22) *Op. cit.*, p. 115.

(23) *Op. cit.*, p. 117.

(24) National Society of Professional Engineers versus United States, 435 US 679 (1978)

(25) *Idem.*

(26) Nessa oportunidade, houve uma tentativa de que fosse aceito pela Suprema Corte que o acordo de preços levado a efeito era provisório e evitava uma crise por guerra de preços entre os fabricantes [*cf., United States v. Socony Vacuum Oil Co.*, 310 U.S. 150 (1940)].

3.1.3. A legislação norte-americana em defesa da concorrência

Em 1914, com o advento da Primeira Guerra Mundial, os Estados passam a intervir mais em suas economias nacionais, no sentido de direcioná-las para a guerra. No mesmo ano, no cenário concorrencial norte-americano, além da citada evolução jurisprudencial, com o aumento dos precedentes, merece destaque a criação da *Federal Trade Comission (FTC)*(27), com amplos poderes para investigar e ordenar a cessação de atividades que implicassem limitação à concorrência, que de certa forma foram reduzidas pela interpretação jurisprudencial, focando sua atenção para as associações comerciais e as *joint ventures*, considerando-se a política de fusões bastante moderada(28).

Ainda no mesmo ano, foi editado o *Clayton Act*(29), resultante de projeto apresentado pelo senador Henry Clayton, que condenava, de maneira explícita e mais incisiva do o *Sherman Act*, práticas como a discriminação anticompetitiva de preços, a venda casada e a exclusividade, além de estabelecer o controle de fusões. Essa lei representou uma resposta às preocupações dos liberais progressistas de que a aplicação da regra da razão enfraqueceria sensivelmente o *Sherman Act*(30). Determinados setores, como os vinculados às atividades sindicais e as cooperativas agrícolas, foram excluídas do âmbito da aplicação do *Clayton Act*(31), o que indica a utilização de um outro critério — o da isenção — vale dizer, alguns setores, diante de circunstâncias específicas, não são alcançados pela lei antitruste, motivo que enseja a complementação, em 1936, do *Clayton Act* pela edição do *Robinson-Patman Act*(32), ligado ao controle de trustes.

O *Webb Pomerene Act,* de 1918, isenta as associações comerciais voltadas à exportação da aplicação do *Sherman Act*. A isenção, na verdade, fomentava a criação de cartéis de exportação entre as empresas que efetuavam exportações consideradas essenciais pelos Estados Unidos, por ocasião de sua participação na 1ª Guerra Mundial.

---

(27) FTC Act, Lei Pública n. 205, de 26.09. 1914

(28) HOVENKAMP, *op. cit.*, p. 56.

(29) Lei Pública n. 212, de 15.10.1914

(30) HOVENKAMP, *loc. cit.*

(31) FORGIONI, p. 193.

(32) Lei Pública n. 692, de 1936.

A crise de 1929 e as duas grandes guerras mundiais forçam os Estados a exercerem um papel cada vez mais amplo como condutores e impulsionadores da economia. Aumenta sensivelmente, nessa época, o número de normas voltadas à intervenção no domínio econômico. Neste contexto, as normas antitruste constituíram importante instrumento de política econômica estatal. A idéia era a de que a competição em preço seria ineficiente e impraticável, e que ao se conceder maior liberdade para associações, *joint ventures* e outros grupos seria gerada mais eficiência. Por outro lado, dever-se-ia insistir na aplicação de uma política antitruste agressiva, reprimindo todas as expressões de concertação entre agentes.

Em 1950, o *Celler-Kefauver Anti-Merger Act* (1950) foi aprovado, prevendo a inclusão, na seção 7 do *Clayton Act,* de regras acerca de operações de concentração econômica realizadas mediante aquisição de ativos, demonstrando-se, assim, posteriormente, que as imperfeições de mercado constituíam a preocupação então prevalecente. A preocupação com a competitividade das empresas americanas, em razão do crescimento de das empresas européias e japonesas(33), leva a ajustes no sistema concorrencial norte-americano, realizados por intermédio do *Hard-Scott Rondino Improvements Act,* em 1976, e a *Federal Trade Comission Improvements Act,* 1980, que introduziu a submissão prévia dos atos de concentração.

Em 1982, o *Export Trading Act* reforça a regra instituída no *Webb Pomerene Act* de 1918, estabelecendo a aplicação da lei antitruste apenas aos exportadores e consumidores norte-americanos(34), posição justificável com a preocupação de reforço da posição de suas empresas além de suas fronteiras.

Como assevera *Forgioni*(35), as isenções no território norte-americano são concedidas em bloco, quando o Congresso ou as Cortes decidem pela neutralização da concorrência em determinados contextos, tendo em vista a presença de outros interesses(36), estabelecidos em políticas públicas.

---

(33) SALOMÃO FILHO, Calixto. *Direito Concorrencial — as estruturas*, p. 38.

(34) FORGIONI, P. *Op. cit.*, p. 342.

(35) *Op. cit.*, p. 192.

(36) Além das atividades levadas a efeito por associação em cooperativas, como as de agricultores e pescadores, *Forgioni* (*op. cit.*, p. 193) destaca as isenções das denominadas *"regulated industries"*, como as ligadas à concessão de crédito e de seguro, que possuem regulamentação própria e estão fora do alcance das normas antitruste conti-

No tocante à estrutura institucional, é do Departamento de Justiça norte-americano a competência para a persecução aos cartéis internacionais clássicos, desde a aprovação da Lei Sherman, em 1890. Nos últimos anos, por intermédio da Divisão Antimonopólios as atenções das autoridades do país têm se voltado aos cartéis internacionais, cujas vítimas são empresas ou consumidores. Essa Divisão tem proposto ações judiciais contra cartéis internacionais em diversos setores industriais, envolvendo vitaminas, aditivos para alimentos humano e animal, produtos químicos, eletrodos de grafite, serviço de transporte marítimo e construção marítima. A estratégia da Divisão tem sido exitosa na persecução a esses cartéis e as multas impostas têm sido proporcionais ao volume de comércio afetado e à magnitude do dano causado às empresas e consumidores americanos.

A eficácia da persecução a esses cartéis, de repercussão nociva em inúmeros países, é fruto do aprimoramento do processo de investigação e da utilização dos acordos de leniência pelo Departamento de Justiça daquele país.

3.1.4. O Programa de Leniência

A obtenção de evidências ou provas na persecução aos cartéis nacionais e internacionais não é uma tarefa fácil. Cientes dessas dificuldades, as autoridades norte-americanas têm acordos que resultam na eliminação ou na redução parcial da penalidade imposta aos membros que venham a cooperar com informações relevantes para o descobrimento da conduta.

Com efeito, em 1978, os Estados Unidos foram o primeiro país a introduzir um programa de leniência em seu arcabouço legal no intuito de auxiliar as autoridades antitruste na persecução de práticas colusivas de difícil comprovação. A celebração do acordo, via de regra, conduz à extinção da ação punitiva ou à redução da penalidade aplicável, o que representa um incentivo significativo para os infratores dispostos a cooperar na investigação. Ressalte-se que o cartel constitui crime no direito americano, sujeito a penas restritivas da liberdade.

---

das no *Sherman Act* e no *Clayton Act*. No que se refere a isenções concedidas por tribunais, a autora destaca a isenção concedida para o *baseball* pela Suprema Corte (*Flood v. Kuhn*, 407 U.S. 258), sob o fundamento de não se tratar de atividade comercial. Como bem destaca *Forgioni*, não se consegue, no entanto, explicar o porquê da isenção apenas ao *baseball*.

A proposta do acordo de leniência não importa confissão quanto à matéria de fato ou reconhecimento da ilicitude. No entanto, para alcançar os benefícios legais, a colaboração do agente deve levar a resultados efetivos, vale dizer, a identificação dos demais co-autores da infração e obtenção de informações e documentos que comprovem a infração noticiada ou sob investigação.

Evidentemente, deve a empresa ou pessoa física cessar completamente seu envolvimento na infração noticiada ou sob investigação a partir da data da propositura do acordo, e prosseguir na colaboração com as autoridades antitruste até o final das investigações.

Desde a sua criação em 1978, o programa de leniência norte-americano sofreu modificações em 1993 e em 2001. As modificações efetuadas em 1993 diminuíam as chances de utilização do programa em relação às pessoas jurídicas, causando notórios efeitos práticos, repercutindo de forma significativa no número de adesão ao programa e, conseqüentemente no número de cartéis internacionais punidos. Em 2001, o programa de leniência sofre outra modificação, lembrando a versão original, com aprimoramentos em três principais aspectos que possibilitaram: I) a aplicação imediata do instituto a condutas sobre as quais não existisse qualquer investigação por parte das autoridades de defesa da concorrência, sem qualquer julgamento da conveniência ou oportunidade de sua aplicação pelas autoridades antitruste; II) a concessão de seus benefícios, mesmo após a competente instauração de procedimento de investigação, caso os elementos trazidos pelo interessado em sua celebração fossem importantes para contribuir na elucidação do caso; III) e a extensão dos benefícios do programa de leniência aos integrantes da pessoa jurídica aos seus empregados que, a qualquer momento da investigação, contribuíssem na investigação da conduta.

Os aprimoramentos realizados no programa de leniência, permitiram sua aplicação a diversos casos de cartéis internacionais[37], como se verifica no caso dos cartéis dos eletrodos de grafite, de vitaminas e o de construção naval.

No caso do cartel de eletrodos de grafite, a Carbide/Graphite Group of Pittsburgh foi a empresa que primeiro compareceu perante

(37) OCDE, *Hard Core Cartels* — Recent Progress and Challenges Ahead, France, 2003, p. 20.

as autoridades norte-americanas no intuito de celebrar o acordo de leniência, tendo recebido isenção da pena. Três outras empresas, Showa Denko Carbon, UCAR International e SGL Carbon AG, foram beneficiadas com o pagamento de multas menores, nos valores de U$ 32.5 milhões, U$ 110 milhões e U$ 135 milhões, respectivamente, em função da confissão e da colaboração prestada.

No caso do cartel das vitaminas, o recebimento da leniência pela Rhône Poulenc foi determinante para a confissão efetuada pela F. Hoffman La Roche e Basf, que receberam multas pecuniárias da ordem de U$ 500 milhões e U$ 225 milhões, respectivamente. O caso do cartel das vitaminas, na verdade, é bastante ilustrativo para que se verifique que as penalidades devem ser elevadas o suficiente para que a sanção não torne o cometimento da conduta um negócio atrativo, máxime em jurisdições em que os cartéis não são considerados ilícitos penais.

Ao aderir ao programa de leniência norte-americano, a F. Hoffman La Roche comprometeu-se a colaborar e a pagar uma multa de cerca de U$ 14 milhões, à época, a terceira maior penalidade aplicada pelo Departamento de Justiça daquele país. O que se descobriu posteriormente foi que a F. Hoffman La Roche não só continuava a atuar no cartel das vitaminas, como também reforçou sua participação em outro cartel, o do ácido cítrico, fatores considerados decisivos na majoração considerável da penalidade e na determinação da imposição de penas restritivas de liberdade a diversos de seus executivos.

Apesar de organismos como a OCDE e a OMC indicarem o fomento de programas de leniência como uma estratégia passível de utilização na persecução aos cartéis internacionais, alguns dados obtidos pelas autoridades norte-americanas não restam compartilhados, o que é bastante razoável, haja vista que o compartilhamento das informações obtidas em confissão num país pode chegar à condenação da empresa em outra jurisdição, onde o Acordo de Leniência não tenha sido celebrado. Mais que isso, o fornecimento de informações a autoridades antitruste de outros países, viabilizada pelo instituto da leniência poderia significar o fracasso do programa, levando muitas empresas a dimensionar os efeitos do compartilhamento das informações pelas autoridades antitruste internacionais numa avaliação da possibilidade de confissão.

Ademais, a maior parte dos acordos bilaterais são de cortesia negativa, como se verá a seguir e o compartilhamento de informações obtidas com programas de leniência, em tese, só poderia ser feito em acordos de cortesia positiva.

3.2. A DEFESA DA CONCORRÊNCIA NA UNIÃO EUROPÉIA

A Europa, apenas no período entre as guerras mundiais e de forma mais significativa após a Segunda Guerra Mundial, percebe a necessidade de regulação de questões ligadas à defesa da concorrência, tendo, no entanto, objetivos e fins diversos daqueles expressos na legislação norte-americana.

A necessidade de regulação das questões relacionadas ao desempenho competitivo dos agentes com relação aos seus rivais, no entanto, indica a existência de comportamentos que possibilitavam a ocorrência de condutas colusivas. No declínio alemão (1870) verifica-se a presença de diversos segmentos cartelizados, como o cartel de potássio, levado a efeito por intermédio de sindicatos[38]. Nesse país, mencione-se que a lei sobre cartéis de 1923 não só admitia a licitude dessa concertação, como também lhe conferia a tutela estatal, fator que contribuiu para o fortalecimento econômico da Alemanha no período entre as duas grandes guerras.

A maior parte dos cartéis localizados na Europa, nesse período, atribuía aos seus membros a atuação exclusiva em um determinado território, por intermédio de monopólios domésticos e por fixação de cotas no comércio entre nações nos territórios não monopolizados.

O comprometimento dos governos dos países europeus em promover vínculos entre os mercados, reduzindo progressivamente as barreiras tarifárias, mesmo nas etapas iniciais de integração enseja a adoção de mecanismos que permitam a criação e manutenção de um cenário positivo em termos de defesa da concorrência como premissa para o desenvolvimento e bem-estar de seus Estados-membros e cidadãos.

Na União Européia a defesa da concorrência é uma política que tem por fim a realização da integração econômica comunitária, tendo surgido no período entre a Primeira e a Segunda Guerras

---

(38) CONNOR, John. *Op. cit.*, p. 7.

Mundiais, mais tarde, portanto que nos EEUU, país em que a defesa da concorrência era considerada como uma política em si mesma, como um fim, percebida de forma diversa do que se verificou na Europa.

No período anterior à Segunda Guerra Mundial a maior parte dos países europeus se caracteriza por um sistema de liberdade praticamente absoluta no que tange a leis específicas sobre a concorrência, fruto da liberdade econômica e contratual exteriorizada a partir da Revolução Francesa[39]. De forma diversa do que se verifica nos Estados Unidos, o disciplinamento de algumas questões com repercussão no cenário concorrencial são estabelecidas em leis ordinárias.

Em 1926, diversos economistas e homens de negócios exprimem sua adesão às idéias expressadas pelo Conde Coudenhove-Kalergi no intuito de criar uma "União Econômica e Aduaneira Européia". O ministro francês Loucher, em 1927, sugere a criação de cartéis europeus do carvão, do aço e de cereais "organizados pelos governos no interesse geral e não apenas para satisfação do egoísmo dos produtores", de onde se infere a estratégia de fortalecimento das indústrias européias, por meio de estruturas como os próprios cartéis para a reconstrução dos países e o incremento da integração européia[40].

Quando a Segunda Guerra Mundial chega a seu termo, a Europa encontra-se politicamente dividida e economicamente destroçada. O esforço de reconstruir o continente europeu faz com que os governos de vários países intervenham mais ativamente em suas economias, levando-os muitas vezes a atuar na ordem econômica de forma incisiva. A atuação do Estado em determinadas circunstâncias passa a dirigir a economia, no intuito de minimizar a ocorrência de crises econômicas que desencadeiam conflitos bélicos, por intermédio da implementação de políticas públicas que propiciem o bem-estar social, não alcançado pela mera proteção à propriedade privada e à liberdade de ação.

Os Estados Unidos perceberam que a fragilidade econômica européia constituiria um óbice à expansão das empresas americanas no território europeu. Em 5 de junho de 1947, o general Mar-

---

(39) CUNHA, Miguel, *op. cit.*, pp. 39-40;

(40) CAMPOS, João da Mota. *Manual de Direito Comunitário.* 3ª ed., Lisboa: Fundação Calouste Gulbenkian, 2002, pp. 30-31.

shall, em discurso proferido na universidade de Havard, externa a posição americana de atuar efetivamente na reconstrução do continente europeu, idéia posteriormente formalizada com a aprovação do *European Recovery Program*, em 2 de abril de 1948.

Em julho de 1947, vários países europeus analisam a proposta americana de auxílio e decidem adotá-la, o que ocorre formalmente em 16 de abril de 1948, com a assinatura da Convenção de Paris, que cria a Organização Européia de Cooperação Econômica. O sucesso do programa de reconstrução foi alcançado cerca de dez anos após a assinatura da convenção, atingindo alguns países patamares de desenvolvimento econômico superiores aos verificados antes do advento da guerra(41).

O auxílio norte-americano foi decisivo na reconstrução do continente, inclusive para que a própria Alemanha tivesse uma recuperação econômica surpreendente, ensejando o reconhecimento de sua importância para o desenvolvimento econômico europeu, inicialmente exteriorizado pela França e acolhida por outros países, inspirando o surgimento da Comunidade Européia do Carvão e do Aço (CECA), em 1951, cuja missão destaca a importância da criação de um mercado comum e de uma união econômica e monetária, além da aplicação de políticas comuns objetivando promover em toda a Comunidade, o desenvolvimento harmônico, equilibrado e sustentável das atividades econômicas, assim como o incremento do nível de emprego e proteção social, com igualdade entre homens e mulheres, em um cenário que fomente o crescimento sustentável e não inflacionista, por intermédio do fomento da competitividade e da convergência dos comportamentos das economias, entre outros aspectos(42), reforçando o sentimento de supranacionalidade entre os Estados-membros.

---

(41) CAMPOS, João da Mota, *op. cit.*, p. 43. Ao descrever a origem da OECE, Campos destaca que o alcance de seus objetivos ensejam a modificação e ampliação de seus objetivos:

Art. 1º A OCDE tem por objetivo promover políticas visando:

Realizar a mais ampla expansão possível da economia e do emprego e a melhoria do nível de vida nos países membros, sem prejuízo da estabilidade financeira e contribuir, assim, para o desenvolvimento da economia mundial;

Contribuir para uma expansão econômica sã, tanto nos países membros como não membros em vias de desenvolvimento econômico;

Contribuir para a expansão do comércio mundial numa base multilateral e não discriminatória, na conformidade das obrigações internacionais.

(42) Art. 2º, Tratado de Paris.

Os artigos 60 a 67 do Tratado CECA estabelecem a aplicabilidade das normas comunitárias de defesa da concorrência a todos os atos restritivos da concorrência, capazes ou não de interferir no comércio comunitário. O direito da concorrência, na dimensão comunitária, passa a ser percebido não como valor absoluto, mas como meio, ou seja, como instrumento de obtenção de equilíbrio econômico, podendo ser sacrificado para o alcance de outros valores, ainda que seja a eficiência econômica ou a tutela do consumidor[(43)].

Em 25 de março de 1957, em Roma, foram assinados dois tratados: um instituindo a Comunidade Econômica Européia (CEE), e o outro a Comunidade Européia da Energia Atômica (EURATOM). A década de sessenta foi francamente favorável à economia européia e mundial em geral.

O incremento das trocas, a partir desse período, demonstra a importância das normas de defesa da concorrência, como meio inevitável ao alcance dos objetivos comunitários de progresso e equilíbrio econômico[(44)], o que tem sido destacado pela interação da política de concorrência com a econômica e a industrial levada a efeito no continente europeu, permitindo a criação de estruturas fortes e competitivas no ambiente internacional, reprimindo-se, no entanto, iniciativas de caráter protecionistas das indústrias instaladas nos diversos estados membros[(45)].

Apesar das modificações refletidas no sistema de proteção da concorrência com o incremento da competitividade constante dos artigos 163 a 173 do Tratado da Comunidade Européia, como acima destacado e não obstante o papel decisivo de sua aplicação pela Comissão Européia e pelo próprio Tribunal Europeu, não se pode negar que as regras de defesa no sistema europeu ainda tra-

---

(43) FERREIRA ALVES, Jorge de Jesus. *Direito da concorrência nas Comunidades Européias.* Coimbra: Coimbra, 1989, p. 16.

No mesmo sentido, FORGIONI, *op. cit.*, p. 83, esclarece que o caráter instrumental das normas de concorrência em países europeus para o alcance de determinadas políticas é verificado desde o final do século XIX na Alemanha, com incentivo e reforço governamentais para constituição e desenvolvimento de cartéis em diversos segmentos produtivos. Acresce que o caráter instrumental das normas de defesa da concorrência também é verificado na lei portuguesa de 1925, que proíbe acordos restritivos à concorrência, tendo sido adotada na França (1953), na Inglaterra (1956) e na Alemanha (1957).

(44) FORGIONI, P. *Loc. cit.*

(45) NUSDEO, Ana Maria. *Defesa da Concorrência e Globalização Econômica.* 2ª ed., São Paulo: Malheiros, 2002, p. 98.

zem caráter instrumental. É possível sacrificar-se a aplicabilidade das normas concorrenciais, em prestígio a outros valores. Não há, em virtude da possibilidade de ser afastada sua aplicabilidade, como considerar a existência de práticas *per se*. No entanto, a possibilidade de afastar-se a incidência das normas concorrenciais a determinados segmentos da atividade econômica, seja pelo estabelecimento de isenções individuais, específicas a determinadas categorias ou pelo estabelecimento de regimes setoriais, deixa clara a utilização no sistema europeu do critério de isenção[(46)].

Forgioni[(47)] lembra a necessária distinção a ser feita entre as isenções e os atestados negativos também concedidos pela Comissão Européia. De fato, no primeiro caso, a conduta é tipificada como anticompetitiva, mas tendo em vista a presença de outros valores ou interesses que a autoridade européia repute importante, pode culminar no afastamento das normas de defesa da concorrência. Ao tratar dos atestados negativos, a autoridade européia indica que a consulta que lhe foi formulada demonstra a existência, a realização de uma prática que não viola a legislação comunitária.

As principais regras de concorrência estão estabelecidas nos artigos 81 e 82 do Tratado, contemplando questões relacionadas a práticas concertadas entre agentes econômicos e abusos de posição dominante.

Diversas condutas incompatíveis com o mercado comum são elencadas no § 1º do artigo 81. Tratam-se de práticas que podem afetar o comércio entre os Estados-membros, cujo objeto ou efeito seja a prevenção, restrição ou distorção da concorrência no mercado comum, contemplando o dispositivo rol ilustrativo de condutas que podem ser consideradas ilícitas, que uma vez adequadas ao tipo são considerados nulos (art. 81, § 2º).

---

(46) O abrandamento da proteção da concorrência no setor agrícola, por exemplo, é verificado no Regulamento n. 26/62, ao derrogar parcialmente as normas dispostas nos artigos 85 a 95 (redação atual do arts. 81 a 89) do Tratado de Roma.

(47) FORGIONI, Paula. *Op. cit.*, p. 191, destaca que os procedimentos de consulta são revestidos de certa informalidade, o que lhes dá maior agilidade na tramitação. Como resultado da consulta a Comissão pode expedir uma *comfort letter*, informando que a prática está em conformidade com as disposições concorrenciais vigentes na comunidade européia. Há certa polêmica em torno da vinculação ou não da Comissão ao entendimento exarado na *comfort letter*. Como assevera *Forgioni*, por um lado alguns autores defendem a necessidade de alteração da situação fática para que se possa ter a modificação do juízo de valor exarado pela Comissão. Por outro lado, sustenta-se que a Comissão estaria apenas vinculada ao conhecimento dos fatos.

Caso as práticas a) contribuam para o incremento da produção ou distribuição de mercadorias ou para a promoção do desenvolvimento técnico ou econômico, ao mesmo tempo em que dividam com os consumidores uma parte justa dos benefícios decorrentes da operação; b) não imponham às partes envolvidas restrições à concorrência que não sejam absolutamente necessárias à consecução dos objetivos visados; c) não venham restringir a concorrência em parte substancial dos mercados relevantes em questão, poderão ser objeto de isenção, consideradas, portanto, compatíveis com o ordenamento jurídico comunitário (art. 81, § 3º, Tratado da CE).

3.2.1. Programa de Leniência

A adoção de programas de leniência no território comunitário europeu teve início em 1996. O programa de leniência europeu, tal qual o norte-americano, beneficiava com a isenção ou redução de penalidades as primeiras empresas que indicassem à Comissão Européia evidências incontestáveis da existência de um cartel antes que ela houvesse iniciado a investigação. Os que colaborassem de maneira decisiva para a elucidação do caso, fornecendo informações relevantes após o início das investigações poderiam ser beneficiados com a redução da penalidade aplicável em percentuais que variavam de 50% a 75%. Quando a colaboração resultasse na descoberta de evidências complementares secundárias, assim consideradas as menos relevantes, a contribuição poderia chegar à redução de 10% a 50% das penas cabíveis.

Em 2002, foram anunciadas modificações no programa de leniência da União Européia, no intuito de fomentar a utilização do instituto. Uma das principais notícias anunciadas resultou na possibilidade de isenção absoluta de pena à primeira pessoa que contribuísse com o fornecimento de evidências antes do início das investigações pelas autoridades, aplicando-se a mesma regra aos que mesmo depois do início das investigações com ela contribuíssem com o fornecimento de informações ou evidências decisivas.

3.3. A CONCORRÊNCIA-CONDIÇÃO E A CONCORRÊNCIA INSTRUMENTO

Como assevera *Forgioni*, cada ordenamento jurídico tem uma série de princípios próprios que o embasam e o tornam peculiar, diante de outros sistemas[48].

---

(48) *Op. cit.*, p. 149.

A descrição de alguns momentos históricos permite verificar que o sistema jurídico vigente em uma determinada época está diretamente ligado à sua realidade histórica, econômica e social(49).

O contexto histórico de origem da legislação norte-americana, em que a concorrência era tida como um valor absoluto, estabelecendo a proibição, a priori, de práticas consideradas nocivas à dinâmica concorrencial indica, no contexto da edição do *Sherman Act* a adoção do sistema da concorrência-condição, funcionando como mecanismo imprescindível para que a paz e o progresso técnico fossem garantidos(50).

No sistema europeu, desde a edição das primeiras normas comunitárias, a concorrência é percebida como um instrumento, um mecanismo para que os interesses coletivos sejam viabilizados, podendo ser sacrificada quando outros interesses daquele território único se mostrem contrários aos fins de integração.

Na atualidade, no entanto, não há como se garantir a aplicabilidade de um único sistema em qualquer dos lugares em que foram originados. Nos Estados Unidos, por exemplo, práticas verticais de exclusividade ou de fixação de preços de distribuição podem ser admitidos, desde que se garanta a existência de rivalidade entre os produtores.

Na Europa, o sistema comunitário também indica que embora exista, *a priori,* uma proibição genérica de todos os acordos e condutas perpetradas pelos agentes e que possam atingir a estrutura do mercado. De outros lado, a proibição pode ser deixada de lado quando a proteção de valores diversos assim indicar. Todo esforço envolvido no desenvolvimento no cenário comunitário para que as práticas restritivas ou as atitudes protecionistas os Estados não comprometam a criação de um mercado único(51) reforça a idéia de que a lei não tem um único objetivo e que pode desenvolver-se e compatibilizar-se com os diferentes propósitos da comunidade.

As normas de concorrência são determinadas pelo contexto social em que se inserem. Esta ressalva é importante, em virtude sobretudo da tendência, por parte de teóricos econômicos, de atri-

---

(49) *Ibidem.*

(50) FERREIRA ALVES, Jorge, *op. cit.*, p. 20.

(51) Art. 2º, Tratado da CE.

buir um objetivo único à política de defesa da concorrência, desconsiderando-se o contexto envolvido, os conflitos de interesse existentes e os traços culturais de cada sociedade, fatores estes que determinam a maneira de agir dos cidadãos de um determinado Estado de forma diversa dos cidadãos de outro, perante a mesma situação.

Na verdade, as sociedades modernas não são expressões de um modelo único de relações de poder. De forma consciente ou inconsciente, nações e indivíduos, são frutos das experiências do meio em que vivem, de suas transformações contínuas(52). Como os indivíduos que a compõem, as relações econômicas exteriorizadas na sociedade muitas vezes não são planejadas, externalizando relações mantidas ou herdadas de experiências seculares, como os cartéis, que nada mais são que expressão de força e poder.

Os cartéis como distorções do comportamento humano têm raízes na própria razão de ser do Estado, como forma de organização social e como expressão de poder.

O uso da força muitas vezes é solicitado nos cartéis para a manutenção de suas estruturas, embora o pressuposto psicológico-comportamental que responde por sua racionalidade, ou seja, pela possibilidade de ele próprio (cartel) ter êxito em seus objetivos não consiga ter uma explicação objetiva baseada exclusivamente em critérios estritamente econômicos.

Na verdade, os cartéis expressam-se, tal qual o Estado, como formas de demonstração de autoridade, tendo sua organização, numa dimensão menor, em sistemas de poder semelhante às demonstradas para a manutenção dos tiranos em suas posições de liderança.

A união no cartel ocorre, na verdade, pelo desejo que o agente tem de possuir parcela de mercado que pertence a outro agente e ao verificar a impossibilidade de destruí-lo, acaba estabelecendo uma forma de composição de interesses para que cada um responda. Nesse sentido, há uma preocupação existente na união em cartéis com a própria preservação — os agentes se unem para que não ingresse mais ninguém naquela atividade e sabem que a união fará como que se valham de todos os meios, inclusive os menos legítimos para preservarem suas posições.

---

(52) ELIAS, Nobert. *Op. cit.*, p. 58.

A racionalidade dos agentes econômicos cartelizados, seja no cenário atual, seja nas sociedades complexas da antigüidade, demonstra que a concepção de poder nelas existentes explica essa figura nociva do direito antitruste como forma de sua expressão, inclusive inconsciente.

Como um produto típico das relações mantidas pelos indivíduos na sociedade, o maior ou menor grau de tolerância a essa figura será feito entre outros aspectos pela percepção do grupo aos efeitos que ele gera, ou seja, não se pode pensar de forma isolada nos aspectos estritamente econômicos, é preciso começar a pensar em termos de relações e funções[53], pois o cenário econômico, assim como o jurídico, nada mais é do que formas de expressar como concebemos essas relações.

(53) ELIAS, Nobert. *Op. cit.*, p. 25.

4. A MINIMIZAÇÃO DOS EFEITOS DA CARTELIZAÇÃO INTERNACIONAL

4.1. ASPECTOS GERAIS

A sofisticação na atuação dos cartéis internacionais tem sido proporcional ao próprio desenvolvimento tecnológico que caracteriza a mundialização dos mercados. As autoridades antitruste de todo o mundo, preocupadas com essa circunstância, têm buscado desenvolver mecanismos que objetivam a minimização dos efeitos da cartelização internacional dentro e fora de suas jurisdições nacionais.

A eficácia da legislação antitruste deve ser garantida pelo estabelecimento de mecanismos que permitam alcançar os cartéis internacionais onde quer que eles estejam, com programas de aceitação e efetividade proporcionais às figuras que visam combater.

Os acordos de leniência, apesar do sucesso como instrumentos locais de combate aos cartéis, como foi visto no capítulo anterior, são limitados em sua aplicação, quando é necessário o compartilhamento de informações obtidas por outras jurisdições. As divergências nas tentativas de autuação conjunta de repreensão aos cartéis decorrem das maneiras diversas com que são tratados em cada jurisdição, haja vista que em muitos países os cartéis são considerados delitos administrativos, enquanto em outros recebem tratamento criminal. Para permitir e disciplinar mecanismos que minimizem a atuação dos cartéis internacionais, como as informações obtidas em programa de leniência, autoridades antitruste de todo o mundo têm buscado estratégias de cooperação, seja para o compartilhamento de informações, seja para reforçar os mecanismos de persecução.

As tentativas de alcançar cartéis fora do território de um país exigem muita habilidade, em vista da possibilidade de violação da soberania de outro país.

Este capítulo objetiva analisar as diversas formas de minimização dos efeitos dos cartéis internacionais. Para tanto, serão analisados os princípios que norteiam a aplicação extraterritorial de decisões e sua influência na persecução a condutas anticoncorrenciais, destacando-se a importância do princípio da territorialidade para o surgimento da teoria do impacto territorial, de grande importância no direito antitruste. Por fim, serão abordados os acordos de cooperação bilaterais, regionais e a perspectiva de adoção de um acordo multilateral como estratégia para a repreensão dos cartéis internacionais.

4.2. INSTRUMENTOS DE REPRESSÃO

Um dos efeitos do processo de globalização é o incremento da competição mundial de empresas com atuação transfronteiriça, com amplas vantagens competitivas geradas pela inovação tecnológica, diferencial que determina o ritmo de consumo e de acesso a bens e riquezas[1]. No entanto, é impossível falar-se em globalização e abertura de mercados sem se efetuar qualquer remissão às regras de concorrência e a necessidade de se estabelecer instrumentos que inibam o cometimento de práticas anticompetitivas, como os cartéis internacionais, frente à inevitável atuação de muitas empresas em mais de um território soberano.

Ligada a esta questão está presente a necessidade de definição de mecanismos que permitam a multilateralização não apenas da circulação de bens e riquezas, inerentes à atividade comercial, mas também dos instrumentos jurídicos que permitam o fomento da atividade comercial, diante da perceptível conscientização por parte de alguns países de que o alcance territorial das legislações antitruste hoje em vigor é insuficiente para a repreensão de certas condutas que afetam interesses de mais de um Estado.

O aumento da competição travada entre as empresas instaladas em territórios soberanos distintos, ao mesmo tempo em que se mostra útil para o crescimento econômico, viabilizando o descobrimento de novas funções, o acesso a bens diferenciados e a manu-

(1) Como assevera CHACON, Vamireh. (*Globalização e Estados transnacionais — relações internacionais no século XXI*. São Paulo: Editora SENAC, série livre pensar, v. 14, p. 55). A luta pelo poder internacional vem se deslocando do controle apenas do espaço para o controle também do tempo: quem detém a iniciativa de criação tecnológica dita os ritmos de mudança política.

tenção de parcelas de mercado por parte das empresas, traz em si outros problemas como o cometimento de condutas anticompetitivas em mercados em que não estejam fisicamente instalados.

Os cartéis, conduta anticoncorrencial mais repudiada por todos os países que possuem legislação antitruste, quando internacionalizam-se, evidenciam problemas gerados pelo alcance limitado das legislações domésticas, diante das dificuldades de sua utilização em casos cujos efeitos ultrapassem as fronteiras de um país.

Apesar dos precedentes demonstrarem que esta não é uma questão recente, a organização cada vez mais freqüente de cartéis internacionais por empresas instaladas em jurisdições distintas indica a necessidade de se perquirir acerca de instrumentos que possam solucionar os conflitos de aplicação de normas e de alcance jurisdicional no cometimento de condutas anticompetitivas que ultrapassem os limites de um Estado soberano, afetando os interesses de mais de um país.

Para dinamizar a aplicabilidade das normas antitrustes em âmbito internacional é necessário aproximar as relações entre políticas antitruste e comercial, intensificando a aplicação extraterritorial de normas antitruste e a cooperação entre autoridades na repreensão a comportamentos anticompetitivos em que seja necessária a atuação conjunta[(2)], como no cao do combate aos cartéis internacionais.

4.2.1. Jurisdição extraterritorial

Não há questionamentos acerca da competência dos Estados em reprimir práticas restritivas à concorrência ocorridas em seu próprio território ou que sobre ele produzam efeitos, conseqüência de seu poder de legislar e aplicar o direito emanado de seu arcabouço jurídico a eventos que ocorrem nos limites de seu território, cabendo ao Estado, através de seus poderes legalmente constituídos, a função de dizer o direito, do qual decorrem os conceitos de jurisdição e competência[(3)].

O fato de as normas internas de um Estado soberano só terem caráter impositivo às pessoas físicas e jurídicas que seu território,

---

(2) NUSDEO, Ana Maria de Oliveira. *Op. cit.*, p. 156.

(3) Confira no artigo de *José Gabriel Assis de Almeida*, "A aplicação 'Extraterritorial' do Direito da Concorrência Brasileiro", *in Revista do IBRAC*, vol. 8, n. 3, 2001, pp. 67-87, a abordagem das competências normativa e judiciária dos Estados.

faz com que os Estados, no plano do Direito Internacional Público, promovam entre si "arranjos horizontais[(4)]" indispensáveis à sua convivência pacífica, verdadeiros pactos de soberanias[(5)]. Uma das conseqüências da igualdade entre os Estados no âmbito do Direito Internacional Público é a possibilidade de se admitir efeitos extraterritoriais às normas nacionais, alcançando pessoas, recursos ou eventos fora de seus territórios em razão de um vínculo fático do evento com o território, como a nacionalidade dos agentes, o objeto do negócio ou da relação jurídica, ou a valores que direta ou indiretamente afetem o Estado, em seus domínios territoriais[(6)].

Da análise do artigo 2º da Carta das Nações Unidas de 1945[(7)], verifica-se não só a delimitação da competência interna dos Estados, mas de critérios que admitem a competência desses para analisar fatos ocorridos em território estrangeiro e também o cumprimento de suas decisões, além de suas fronteiras.

Seja no que se refere à aplicação extraterritorial das normas de um determinado Estado soberano, seja com relação à primazia do direito convencional, há que se perquirir acerca dos critérios de fixação da competência internacional quanto à aplicação da legislação de defesa da concorrência, critérios estes que não são definidos de maneira aleatória pelos Estados, mas sim embasados nos princípios da territorialidade do comportamento e dos efeitos, da nacionalidade, da segurança pública, da universalidade e da personalidade passiva e solidificados pelos usos e costumes internacionais[(8)], examinados a seguir.

---

(4) Conceito utilizado por José Carlos de Magalhães no texto "Aplicação Extraterritorial de leis nacionais", *in* FRANCESCHINI, José Inácio Gonzaga (org.). *Poder Econômico: exercício e abuso — Direito Antitruste Brasileiro*. São Paulo: RT, 1985, p. 666.

(5) PAIM, Maria Augusta Fonseca. "Os caminhos do Direito Econômico para além das Fronteiras Nacionais". *Revista do IBRAC*, vol. 12, n. 4, 2005, p. 193 e ss.

(6) MAGALHÃES, José Carlos. *Op. cit.*, p. 661.

(7) Art. 2º A organização e seus membros, para a realização dos propósitos mencionados no artigo 1º, agirão de acordo com os seguintes princípios:

(...) 7. Nenhum dispositivo da presente Carta autorizará as Nações Unidas a intervirem em assuntos que dependam essencialmente da jurisdição de qualquer Estado ou obrigará os Membros a submeterem tais assuntos a uma solução, nos termos da presente Carta; este princípio, porém, não prejudicará a aplicação das medidas coercitivas constantes do Capítulo VII.

(8) MAGALHÃES, José Carlos de. *Op. cit.*, pp. 662-663; PAIM, Maria Augusta Fonseca. *Op. cit.*, p. 195 e ALMEIDA, Gabriel Assis *in* "A aplicação 'Extraterritorial' do Direito da Concorrência Brasileiro", *Revista do IBRAC*, vol. 8, n. 3, p. 67 e ss.

4.2.1.1. Princípio da nacionalidade

O princípio da nacionalidade permite que o Estado tenha competência para aplicar a sua própria lei aos seus nacionais desde que não vulnere a competência de outro Estado. Com base neste princípio, as regras estabelecidas pelo direito interno devem ser aplicadas antes das alienígenas.

Para a aplicação deste princípio, é imprescindível o ingresso do agente no território de seu Estado, considerando-se, portanto, a prevalência da aplicação do princípio da territorialidade[(9)].

É possível surgir dificuldades em relação à aplicação desse princípio quando se trata de nacionalidade de pessoas jurídicas[(10)], diante da possibilidade de se utilizar ou o critério da sede da pessoa jurídica, ou local do arquivamento dos atos constitutivos para se determinar a nacionalidade da empresa, não existindo óbices a que os tribunais busquem, como por exemplo, a nacionalidade dos controladores das empresas para viabilizar a aplicação da lei de um determinado Estado. O critério da nacionalidade da pessoa jurídica foi utilizado nos EEUU no caso *United States vs. Supplied Chemical Industries Ltd.*, ao se estabelecer a proibição a empresas norte-americanas de participarem da construção de gasodutos no território europeu[(11)], ou seja, a legislação antitruste norte-americana foi aplicada com caráter extraterritorial, alcançando atos praticados por nacionais no exterior, mesmo que ao abrigo das leis locais[(12)].

4.2.1.2. Princípio da proteção da segurança nacional

Em consonância com o princípio da proteção da segurança nacional, o Estado tem competência para aplicar sua legislação

---

(9) *Ibidem*.

(10) MAGALHÃES, José Carlos de. *Op. cit.*, pp. 662-663. No mesmo sentido, PAIM, Maria Augusta, *op. cit.*, p. 196.

(11) United States vs. Supplied Chemical Industries Ltd. (105 F. Supp. 215 a 246), *apud* MAGALHÃES, José Carlos, *op. cit.*, p. 663. Como assevera ALMEIDA, José Gabriel Assis. *Op. cit.*, p. 69, "as dificuldades surgem quando os nacionais de um Estado estão estabelecidos no território de outro Estado; este princípio foi utilizado pelos EUA para proibir as empresas americanas e as filiais delas de participar na construção do gasoduto siberiano que iria conduzir gás até a Europa".

(12) WHITNEY, William Dwight. Sources of conflict between international law and the Antitrust Law, 63 Yale Law Journal, pp. 655 a 666, *apud* MAGALHÃES, José Carlos, *op. cit.*, 662.

quando a segurança pública está em perigo, ou seja, quando se verifiquem atos que impliquem violação de sua independência política, integridade territorial, segurança interna e externa, ainda que praticados no exterior e não sejam decorrentes do exercício regular de direito reconhecido no Estado em que foi levado a efeito, como se verifica na repreensão ao tráfico internacional de entorpecentes, no crime de falsificação de moeda e de símbolos públicos, ou seja, de documentos e papéis que envolvem a credibilidade do Estado(13).

4.2.1.3. Princípio da universalidade

O princípio da universalidade possibilita ao Estado aplicar normas em caso de excepcional gravidade e que impliquem violação a direitos humanos, mesmo que os comportamentos tenham se verificado fora do território nacional, como se verifica em crimes de guerra, genocídios, redução da liberdade e tráfico de pessoas. A aplicação desse princípio ocorreu em 1822 no julgamento do caso *Schooner de la Eugene*(14), com base no *Law of Nations*.

O cartel, quer seja delito administrativo, quer seja penal, tem a consideração de todos os Estados de que se configura como conduta que merece ser severamente combatida diante dos malefícios que causam ao bem estar coletivo direta ou indiretamente(15).

---

(13) Como assevera *José Carlos Magalhães, op. cit.* p. 663, este princípio não está isento de debates, destacando os movimentos de guerrilhas sediados no exterior e a força expressiva que possuem nos territórios em que atuam. O controle exercido por muitas nações à própria comercialização de armamentos é uma estratégia para a diminuição desses movimentos, muitas vezes, financiados pela atuação cartelizada de indústrias de armamento.

(14) Em 1822 uma embarcação francesa foi apreendida por um navio norte-americano em águas internacionais, com escravos africanos. Os escravos foram protegidos pela lei norte-americana, enquanto a embarcação foi entregue às autoridades francesas. As autoridades americanas ao atuarem em defesa da liberdade das pessoas aplicaram a inteligência do princípio da universalidade.

(15) As distorções nos preços são evidentes, como se verificou no caso do cartel das lisinas, julgado em diversas jurisdições. A prática resultou no incremento de preço da lisina, insumo para a produção de ração animal, além da manipulação das quantidades colocadas no mercado. O Brasil foi afetado pela conduta, pois configurou como um dos mercados geográficos objeto de divisão. O caso que é analisado nos autos do Processo Administrativo de n. 08012.0004897/00-23, já tendo sido objeto de manifestação técnica da Secretaria de Acompanhamento Econômico do Ministério da Fazenda (SEAE/MF), que se posicionou pela sua caracterização. A manifestação da Secretaria de Direito Econômico é aguardada desde 2003 e só após seguirá o processo para o Conselho Administrativo de Defesa Econômica, para julgamento.

4.2.1.4. Princípio da personalidade passiva

O princípio da personalidade passiva permite que um Estado amplie sua jurisdição para processar e julgar casos em que seus nacionais estejam envolvidos no pólo passivo da demanda, argumento não aceito pelos países do *Common Law*, que não reconhecem tal princípio em seus sistemas jurídicos[(16)].

Verificou-se a aplicabilidade desse princípio no julgamento do caso Lótus[(17)], em 1927, que contempla a colisão da embarcação francesa Lótus com a embarcação turca Boz Kourt em águas internacionais, resultando na morte de tripulantes e passageiros do navio turco. O navio francês que levou os sobreviventes para Istambul teve seu comandante preso, julgado e condenado pela Justiça turca. A França alegou que seus tribunais seriam os competentes para o julgamento da conduta e a questão foi submetida à Corte Permanente Internacional de Justiça, que entendeu que não havia qualquer impedimento pelo direito internacional para a Turquia exercer sua jurisdição sobre o oficial francês.

4.2.1.5. Princípio da territorialidade

De acordo com o princípio da territorialidade do comportamento e dos efeitos, também conhecido como princípio da territorialidade subjetiva e objetiva, o Estado tem competência para regular os comportamentos ocorridos no seu território ou quando nele se façam sentir seus efeitos, representando, segundo autorizada doutrina, o alargamento do próprio conceito de território para considerar produzido dentro dele o evento parcialmente ocorrido no exterior[(18)].

A vertente subjetiva confere ao Estado jurisdição para manifestar-se acerca de atos iniciados em seu território, mas finalizados além de suas fronteiras.

No que se refere à vertente objetiva, a jurisdição do Estado é evidenciada quando os atos são finalizados em seu território, apesar de nele não terem sido iniciados, como se verifica no conhecido caso *Cutting (1927)*, ao se estabelecer que "um homem que, inten-

---

(16) MAGALHÃES, José Carlos. *Op. cit.*, p. 664.

(17) Publications de La Cour Permente de Justice Internationale, série A — n. 10, Le septembre, 1927, Recuiel dês Arrêts, Afffaire du "Lótus", disponível em www.icj-cji.org/cijwww/cdecisions/ccpij/serie_A/A-1-/30_Lotus_Arret.pdf. Acesso em 3.jan.2006.

(18) Essa expressão é utilizada por MAGALHÃES, José Carlos, *op. cit.*, p. 664.

cionalmente, pratica atos que provocam efeitos em outro território, é reconhecido como responsável na jurisdição criminal de todas as nações".[(19)]

A aplicabilidade dessa decisão nos Estados Unidos suscitou controvérsias, haja vista o entendimento da Suprema Corte daquele país de que a jurisdição americana deveria ser exercida em função da soberania, não podendo ultrapassar, nem tampouco permitir que decisões proferidas em outros países tivessem efeitos no território americano. Sem dúvida, o caso representa uma evolução no entendimento do princípio da territorialidade. O fundamento para empresar a jurisdição mexicana sobre o evento ocorrido no território americano não foi a extensão da competência territorial, mas a própria competência territorial.[(20)]

Os fundamentos utilizados no caso *Cutting* mostram a adequação da abrangência do princípio da territorialidade externada na decisão ao entendimento adotado pela Corte Permanente Internacional de Justiça em 1927, quando a aplicabilidade do princípio da territorialidade objetiva foi reconhecida de forma clara no julgamento do caso Lótus, resumidamente descrito acima, que concluiu como legitima a ampliação da jurisdição territorial que permitiu o alcance, pela lei turca, de conduta iniciada em águas internacionais[(21)].

4.3. A REPRESSÃO AOS CARTÉIS INTERNACIONAIS NOS ESTADOS UNIDOS

Normalmente os Estados fundamentam a aplicação da competência internacional em matéria de concorrência com base nos

---

(19) Como descreve MAGALHÃES, José Carlos, *ibidem*, *Cutting*, cidadão norte-americano residente no México publicou artigo calunioso acerca de Medina, um médico mexicano. Ao ser processado por Medina, *Cutting* comprometeu-se a efetuar uma retratação pública de suas ofensas, valendo-se, para tanto, na verdade, de publicação em jornal com letras pequenas, adotando um texto de difícil compreensão. Como se não bastasse *Cutting* reiterou sua conduta ao fazer publicar em jornal, na cidade americana de *El Paso*, no Texas, outro artigo contendo injurias e difamações em desfavor de *Cutting*. A vítima, sob o argumento de que o jornal dessa cidade norte americana tinha uma boa penetração no território mexicano, convenceu o juízo mexicano de que os efeitos foram irradiados no território mexicano, considerando o crime consumado.

(20) MAGALHÃES, José Carlos, *op. cit.*, p. 665.

(21) Nesse sentido, veja RAMOS, André de Carvalho e CUNHA, Ricardo Thomazinho da. "A defesa da Concorrência em Caráter Global: Utopia ou Necessidade?" *In* CASSELA, Paulo Borba; MERCADANTE, Araminta de Azevedo (coord.). *Guerra Comercial ou Integração Mundial pelo Comércio?* A OMC e o Brasil. São Paulo: LTr, 1998, p. 819 e PAIM, Maria Augusta Fonseca. "Os caminhos do Direito Econômico para além das Fronteiras Nacionais". *Revista do IBRAC*, vol. 12, n. 4, 2005, p. 199.

princípios da territorialidade dos efeitos e no da territorialidade dos comportamentos(22). Não há questionamentos acerca da competência dos Estados em reprimir práticas restritivas à concorrência ocorrida em seu próprio território, o que tem sido objeto de questionamento é a delimitação da competência dos Estados para reprimir condutas cujos efeitos se façam sentir em seu território, mas que tenham sido realizadas em outro país.

O entendimento externado no julgamento do caso *Cutting* e no caso *Lótus* demonstra a aceitação pelas Cortes da competência dos Estados para se manifestarem acerca de fatos ocorridos, mesmo que integralmente, no exterior, mas cujos efeitos tenham sido sentidos em seus territórios(23).

A doutrina da aplicação extraterritorial da legislação antitruste foi desenvolvida inicialmente no direito norte-americano, a partir do julgamento pela Suprema Corte daquele país do caso *American Banana Co. v. United Fruit Co*(24). Embora o caso estabeleça a competência territorial de um país para aplicação de suas normas antitruste, sua menção é importante para o entendimento acerca da evolução da extraterritorialidade. Tratam-se de duas empresas de nacionalidade norte-americana, que possuíam bens, inclusive imóveis, no território da Costa Rica. Em decorrência de manobras da *United Fruit*, os ativos pertencentes à *American Banana,* ali localizados, foram desapropriados, resultando no monopólio da exportação dos produtos da *United Fruit* nos EEUU. Sob o argumento de que a manobra tinha o objetivo de causar efeitos anticompetitivos no território norte-americano, a *American Banana* submeteu o caso às autoridades norte-americanas, que entenderam que o ato praticado pelo governo costarriquenho decorria de sua soberania. Embora a deci-

---

(22) ALMEIDA, Gabriel. *Op. cit.*, p. 75.

(23) MAGALHÃES, José Carlos, *op. cit.*, p. 666.

(24) 213 US 347, 357 (1909), cf. US Court of Appeals for the First Circuit n. 96-2001, US vs Nippon Papper Industries Co., Ltd., Jujo Paper Co. Inc. and Hirinori Ichida, *in* www.usdoj/atr/cases/f.1000/1002.htm, acesso em 22.dez.2005. Os artigos que envolvem a análise da questão citam como paradigma o caso que envolve a empresa de alumínio Alcoa. No entanto, com base no julgamento citado, verifica-se de fato que o caso American Banana Co. v. United Fruit Co. já contemplava a questão da competência das autoridades norte-americanas para conhecer eventos ocorridos fora de seu território, envolvendo nacionais, mas com produção de efeitos naquele país. A propósito, cite-se a instigante abordagem do assunto em artigo de MARTINEZ, Ana Paula. "Defesa da Concorrência: o combate aos cartéis internacionais". *Revista do IBRAC*. São Paulo: IBRAC, vol. 10, n. 1, 2003, p. 180.

são confirme a aplicabilidade do princípio da territorialidade, a mesma assume importância na análise da aplicação extraterritorial das normas antitruste pois nela se externou a preocupação de que tais normas não podem ser aplicadas em demandas semelhantes, resultando de uma pena e prisão e da absolvição, devendo a mesma regra ter aplicabilidade a todo e qualquer caso que a ela se adequar, tenham esses repercussões civis e criminais naquele país, como os cartéis.

Não obstante a possibilidade de extensão extraterritorial das leis de concorrência tenha sido ventilada no julgamento dos *United States vs. American Tobacco* (1911) e *Nord Deuscher Lloyd* (1912), o posicionamento externado no caso *American Banana vs. United Fruit* perdurou até 1945, quando se passou a entender que não se poderia dar um resultado diferente do alcançado na esfera civil às questões contempladas na esfera criminal, devendo o julgamento do ato ser determinado totalmente com base na lei do país em que o ato foi praticado[25].

A extraterritorialidade da legislação antitruste também é destacada no caso *United States vs. Aluminum Co. of America*[26] (1945),

---

(25) É o que se verifica das explicações constantes da nota de rodapé do caso *US vs Nippon Papper Industries Co., Ltd., Jujo Paper Co. Inc. and Hirinori Ichida,* acima citado:

"American Banana Co. v. United Fruit Co., 213 U.S. 347, 357 (1909). As Justice Holmes explained in a Sherman Act case, the 'words [of the Act] cannot be read one way in a suit which is to end in fine and imprisonment and another way in one which seeks an injunction. The construction which is adopted in this case must be adopted in one of the other sort. "Northern Securities Co. v. United States, 193 U.S. 197, 401-02 (1904) (Holmes, J, dissenting). This principle compels the conclusion that the Hartford Court's holding, that the Sherman Act reaches foreign conduct producing substantial intended effects within the United States, equally controls in this criminal case. Although the Sherman Act may be enforced both civilly and criminally, see 15 U.S.C. 4; 18 U.S.C. 3231, the operative language of section 1 itself defines a criminal offense. It was precisely these "words [of the Sherman] Act' that the Alcoa Court construed in finding the Act to embrace foreign conduct producing a substantial intended effect in the United States. Alcoa, 148 F.2d at 443-44. And in adopting Alcoa, the Hartford Court authoritatively construed the same language. Because the language of Sherman Act section 1 cannot be construed to have a different meaning in a subsequent criminal action, Hartford governs the question of the Sherman Act's operation here."

(26) 148 F, 2d 416 (2nd. Circ., 1945). No caso *US vs. Alcoa* os EEUU ingressam com ação em desfavor da Alcoa, empresa norte-americana, e de sua controladora, de nacionalidade canadense, além de seis outras empresas que se utilizavam de estratégias monopolísticas no segmento de venda de lingotes de alumínio nos EEUU. A Alcoa Limited, em associação ou com outras empresas estrangeiras formaram uma corporação, de nacionalidade suíça, para atuar, por intermédio desta, de forma cartelizada, fixando

oportunidade em que a Corte declara a competência das autoridades norte-americanas para julgar condutas que, embora praticadas no exterior, afetem o mercado daquele país, exteriorizando a adoção, pela Corte estadunidense da denominada teoria impacto territorial, haja vista os impactos ou efeitos produzidos no território daquele país.

A decisão gerou críticas severas por parte de outros países acerca do alcance extraterritorial da legislação norte-americana[27], haja vista que o precedente passou a ser utilizado em outras decisões proferidas pelos tribunais daquele país. A edição de leis de bloqueio *(blocking laws)*, como mecanismos destinados "a impedir, em território nacional, a produção de efeitos de ordens proferidas por autoridades estrangeiras, sejam sentenças, sejam determinações de constituição de provas[28]", foi utilizada por diversos países. O Reino Unido destaca-se como um dos primeiros entes soberanos a editar um diploma, o *Protection of Trading Act* (1980), que objetivou evitar o alcance extraterritorial de decisões emanadas por autoridades estrangeiras naquele território.

Entre nós, a questão foi constitucionalizada, dispondo o artigo 181 da Constituição Federal que "o atendimento de requisição ou informação de natureza comercial, feita por autoridade administrativa ou judiciária estrangeira, a pessoa física ou jurídica residente ou domiciliada no País dependerá de autorização do Poder competente."

A redação do referido artigo deixa claro que a requisição de documento ou informação de natureza comercial, se levada a efeito por autoridade administrativa ou judiciária estrangeira, não possui qualquer força cogente, instituindo-se o controle das informações dessa natureza pelo Poder competente[29].

---

não apenas os preços, mas cotas de produção. Os efeitos produzidos no território norte-americano serviram de elemento para a fundamentação da Suprema Corte para aplicar a legislação antitruste à questão.

(27) Como assevera MARTINEZ, Ana Paula (*op. cit.*, p. 180). "Essa decisão foi duramente criticada, tendo em vista, principalmente, as normas de natureza penal do direito antitruste americano e o fato de que nos EUA são devidos, em ações antitruste privadas, três vezes o valor das perdas e danos *(treble damages)*".

As ações civis, ao possibilitarem que qualquer terceiro alcançado pelo comportamento anticompetitivo ingresse em juízo solicitando a reparação do dano no valor equivalente ao triplo do dano sofrido, além de naturalmente funcionar como um mecanismo de repreensão ao cartel, atribui maior instabilidade aos agentes reunidos em comportamentos colusivos.

(28) FORGIONI, Paula. *Op. cit.*, p. 328.

(29) A ausência de regulamentação não autoriza, naturalmente, a entrega de documentos e informações a autoridades estrangeiras de forma direta.

Apesar das críticas em torno da adoção do alcance extraterritorial das decisões envolvendo direito antitruste, a doutrina e jurisprudência estrangeiras a têm consagrado. Nos Estados Unidos, sua aplicabilidade tem sido reiterada pelas autoridades antitruste nos casos de investigação a cartéis internacionais. É inegável que desde sua adoção, expressa no caso *U.S. versus Alcoa,* a teoria sofreu temperamentos ao longo do tempo[30]. Com efeito, a edição do *Foreign Trade Antitrust Improvement Act*, em 1982, estabeleceu a incidência da jurisdição antitruste norte-americana sobre condutas que tivessem efeito "direto, substancial e razoavelmente previsível" sobre o comércio dos Estados Unidos, inclusive sobre suas exportações[31]. Embora o Departamento de Justiça, em 1988, tenha limitado sua atuação a casos em que as condutas anticompetitivas praticadas em outros países prejudicassem consumidores norte — americanos, já em 1992 essa postura foi abolida, como se verifica no julgamento do caso *U.S. versus Nippon Paper*[32] e no caso *Hartford Fire Ins. Co. v. Califórnia*[33], em que o tribunais dos Estados Unidos conhecem e estabelecem sua competência sobre condutas praticadas no exterior, que tenham objetivado e efetivamente produzido efeitos significativos no território americano.

4.4. A REPRESSÃO AOS CARTÉIS INTERNACIONAIS NA UNIÃO EUROPÉIA

A aplicação extraterritorial das normas de defesa da concorrência também se verifica no Direito Comunitário Europeu, porém de forma menos agressiva quando comparada à do direito norte-americano.

---

(30) O governo Reagan adotou uma abordagem menos agressiva à cooperação internacional em matéria de defesa da concorrência, com a exclusão em 1992 de anotações dos Guidelines do Departamento de Justiça que exigiam que os consumidores nos EEUU fossem atingidos pelos atos comerciais para que pudessem sofrer restrições em exportações para aquele país. Veja-se nesse sentido, *U.S. Departament of Justice, Antitrust Enforcement Guidelines for International Operations.* Disponível em www.usdoj.gov/atr/public/guidelines/internat.htm.

(31) Nesse sentido, veja-se SAYEG, Fernanda. "Combate a práticas anticompetitivas transnacionais: o grande desafio das políticas de defesa da concorrência no século XXI". *Revisa do IBRAC*, vol. 10, n. 1, 2003, p. 202.

(32) 109 F.3d 1,8 (1997), *US vs Nippon Papper Industries Co., Ltd., Jujo Paper Co. Inc. and Hirinori Ichida, in* www.usdoj/atr/cases/f.1000/1002.htm, acesso em 22.dez.2005.

(33) US 764 (1993), *vide* nota n. 25.

Para que um Estado possa exercer sua jurisdição no que se refere à repreensão de comportamentos anticompetitivos, disposições comunitárias devem ser atendidas, até porque uma conduta pode atingir simultaneamente mais de um território, o que fazendo incidir os princípios da territorialidade e da nacionalidade.

O artigo 81, § 1º do Tratado de Roma[34] considera incompatível com o mercado comum e proibidos todos os acordos entre empresas que afetem o comércio entre os Estados membros e que tenham por objetivo ou efeito, impedir, restringir ou falsear a concorrência no mercado comum, dispondo cada Estado membro de competência para aplicar a legislação de concorrência no âmbito de seu território às práticas que não ultrapassem suas fronteiras.

Quando os efeitos de uma conduta anticompetitiva são produzidos em mais de um país, violando as normas comunitárias, estabelece-se a competência da União Européia para sobre ela manifestar-se, por intermédio da Comissão, em especial pela Divisão de Concorrência, também conhecida como Diretoria Geral IV (DGIV).

O primeiro caso que envolveu a aplicação extraterritorial das normas comunitárias de defesa da concorrência na repreensão a cartéis internacionais ocorreu no julgamento do caso Dyestuffs, em 1969[35].

---

(34) Originariamente, artigo 85 da redação original do Tratado de Roma (1957).

(35) Caso 48/69, *ICI vs. Comission* (Dyestuffs), 1972, ECR 619. adota a teoria dos efeitos ao rever os argumentos esposados pela ICI Company acerca de sua responsabilidade no cartel originariamente analisado no caso 69/243, *Re Cartel in Aniline Dyes*, 1969, CMLR D. 23 *(Dyestuffs),* que envolveu a reunião de fabricantes de tintas na Suíça para acordarem sobre preços a serem praticados na venda de diversos produtos no território do Mercado Comum Europeu, resultando na condenação de empresas situadas dentro e fora do território comunitário. Das empresas investigadas, quatro não possuíam sede no Mercado Comum. No entanto, ao decidir pela condenação do cartel, a comissão afirmou que sua decisão era aplicável a todas as empresas que tivessem participado do conluio, independentemente de estarem sediadas no Mercado Comum ou fora dele. Segundo a Comissão, as normas do tratado relativas à concorrência eram aplicáveis a todas as restrições que produzissem no território do mercado comum os efeitos previstos no artigo 85(1). Assim, não seria necessário examinar se as empresas envolvidas teriam sua sede no Mercado Comum ou fora dele, determinado a decisão que fossem notificadas as subsidiárias sediadas no Mercado Comum. A empresa inglesa *Imperial Chemical Industries*, embora integrante do cartel, não autuava de no mercado comum europeu de forma direta, mas por meio de subsidiárias. A Comissão Européia com base na extensão dos efeitos puniu a controladora, de nacionalidade inglesa, atribuindo ao grupo econômico situado fora do território comunitário a conduta que fossem notificadas da sua subsidiária *(ICI Gmbh Germany).*

O julgamento do caso *Woodpulp*(36) também traz a discussão do tema. Na oportunidade, a Comissão Européia, no intuito de reprimir práticas cometidas em território não comunitário, mas com efeitos ali sentidos, valeu-se do princípio da territorialidade do direito internacional, em detrimento da teoria dos efeitos, como resposta à sua utilização excessiva por parte dos EEUU e como desdobramento do que preceitua o artigo 85, então artigo 81, §1º, considerando, portanto, que o acordo teria sido implementado no território comunitário(37). A decisão abrange um conceito de difícil aplicabilidade: para que os cartéis fossem alcançados pela legislação comunitária, as vendas deveriam atingir consumidores localizados no espaço comunitário europeu(38).

Verifica-se a possível aplicação da teoria dos efeitos no território comunitário europeu no caso Gencor(39). Apesar de tratar do controle de estruturas, a decisão mostra a aplicabilidade da teoria dos efeitos não só pela Comissão, por intermédio da atuação de sua Divisão de Defesa da Concorrência, mas também pelo Tribunal de Primeira Instância das Comunidades Européias, como se verificou nos casos citados, ao fixar o entendimento de que uma concentração deve ser submetida às autoridades comunitárias quando gera efeitos substanciais e imediatos nas Comunidades Européias.

As concentrações retratadas nos casos Boeing/Mc Donnell Douglas (1997), Exxon Móbil (1999) e GE/Honeywell (2001) com empresa a utilização da teoria dos efeitos no território comunitário europeu. Cumpre ressaltar que não há uma manifestação explícita da Corte das Comunidades Européias sobre o assunto(40), apesar das manifestações dos órgãos *a quo*.

---

(36) *Wood Pulp* I, 19 de dezembro de 1984, ECD (IV/29.725), [1985] OJ L 85/1, [1985] 3 CMLR 474. *A Ahlström Osakeyhtio and Others v. Comission*, 1988, ECR 5193. O caso contempla a formação de um cartel por fabricantes de celulose de país não integrante da Comunidade, mas com efeitos naquele território.

(37) RAMOS, André de Carvalho e CUNHA, Ricardo Thomazinho. "A Defesa da Concorrência em caráter global: utopia ou necessidade?" *In*: CASELLA, Paulo Borba; MERCADANTE, Araminta de Azevedo (coord.). *Guerra Comercial ou Integração Mundial pelo Comércio? A OMC e o Brasil*. São Paulo: LTr, 1998, p. 825.

(38) MARTINEZ, Ana Paula. "Defesa da Concorrência: o combate aos cartéis internacionais". *Revista do IBRAC*. São Paulo: IBRAC, vol. 10, n. 1, 2003, p. 182.

(39) *Gencor Ltd. vs. Commission* of *The European Communities*. Case T-102/96, 1999, ECR 753, § 74.

(40) MARTINEZ, Ana Paula. "Defesa da Concorrência: o combate aos cartéis internacionais". *Revista do IBRAC*. São Paulo: IBRAC, vol. 10, n. 1, 2003, p 183.

A utilização da doutrina da extraterritorialidade dos efeitos não significa o abandono do princípio da territorialidade, considerando o entendimento passível de aplicação a determinados ajustes e condutas, como os cartéis internacionais, até porque as hipóteses e questões relativas à jurisdição são idênticas, além da redação do artigo 81, § 1º não deixar dúvidas quanto à aplicação do direito antitruste aos cartéis que produzam efeitos no mercado comunitário(41).

Condutas anticompetitivas, como os cartéis internacionais, com efeitos potencializados pelo próprio incremento do comércio internacional, tornam difícil a defesa dos interesses soberanos de uma nação sem que não se considere o alcance extraterritorial de sua legislação de defesa da concorrência.

Decisões como a do caso GE/Honeywell, que contemplava a fusão de duas empresas norte-americanas, mas com efeitos no território europeu, não só demonstram a própria aplicabilidade da teoria dos efeitos no território comunitário europeu, mas a discrepância dos fins de ambas as legislações. Enquanto a legislação européia, como demonstram os próprios dispositivos do Tratado de Roma, tem caráter instrumental, a defesa da concorrência nos EEUU é um fim em si mesma.

A aplicação unilateral da legislação de defesa da concorrência no combate a cartéis internacinais traz consigo custos elevados de investigação, possibilidade de aplicação e tomada de decisões contraditórias sobre condutas semelhantes, mostrando-se insuficiente para a repreensão dos conluios internacionais. Com efeito, os países têm concluído pela necessidade da criação de outros instrumentos que tornem mais eficaz tal repreensão.

O debate em torno do alcance extraterritorial das leis de defesa da concorrência põe em evidência o impacto de concentrações ou condutas sobre outros países, mas não deixam dúvidas quanto à limitação das tentativas unilaterais de alcance das condutas anticompetitivas.

As condutas praticadas pelos cartéis internacionais, além de produzirem efeitos nos paísess onde estejam instalados e em ou-

---

(41) *Ana Paula Martinez* estabelece, na verdade, que a decisão deixa claro que a adoção da teoria dos efeitos não significa a anulação da *implementation doctrine.* De fato, como já restou demonstrado anteriormente, a aplicabilidade extraterritorial das normas de defesa da concorrência é mais ampla e abrange o próprio princípio da territorialidade, *loc. cit.*

tros territórios, provocam distorções no próprio comércio internacional. As regiões que consomem produtos cartelizados têm uma efetiva perda de bem-estar social, diante da incontestável diminuição de seus meios de troca[42]. Daí a necessidade de se adotarem mecanismos que permitam o combate às práticas anticompetitivas internacionais, como, por exemplo, a adoção de instrumentos de cooperação internacional, assunto que será tratado a seguir.

4.5. COOPERAÇÃO INTERNACIONAL EM DEFESA DA CONCORRÊNCIA

Como prática que possibilita a atuação concertada dos agentes em mais de um território, provocando danos de forma simultânea ou sucessiva em mais de uma jurisdição, os cartéis internacionais devem ser combatidos mediante a atuação conjunta ou concertada entre os países, o que certamente resultará para que as autoridades envolvidas na persecução[43] uma atuação mais eficiente e menos custosa.

Se de um lado os cartéis, via de regra, abarcam empresas com estruturas e porte semelhantes, podendo o porte diferenciado implicar na elevação dos custos de monitoramento da conduta ou, em algumas situações, tornando inviável tal monitoramento, se do lado dos cartéis, em geral constituídos de empresas de porte e estruturas semelhantes, a presença de um ou mais membros de porte diferenciado pode importar em elevação do custo de monitoramento, ou, em certas situações, tornar inviável tal acompanhamento, sendo que do lado da cooperação entre as autoridades de defesa da concorrência dificuldades semelhantes também podem surgir.

Isso porque a aplicação das leis de defesa da concorrência nos diversos países e a implementação da política de defesa da concorrência passam por um processo gradual, que contempla diferentes estágios e enfrenta inúmeras dificuldades. A cooperação entre os países facilitaria a superação dessas dificuldades, porquanto aqueles que já detêm vasta experiência poderiam auxiliar os iniciantes.

---

(42) OLIVEIRA, Gesner. *Concorrência — Panorama no Brasil e no Mundo.* São Paulo: Saraiva, 2001, p. 52 e ss.

(43) OLIVEIRA, Gesner. *Op. cit*, p. 54.

Por outro lado, a falta de convergência entre os sistemas de defesa da concorrência adotados pelos diversos países, inclusive no tocante aos seus efeitos das condutas não contribui para o combate efetivo dos cartéis internacionais, impondo-se a necessidade de uma cooperação internacional[(44)] na persecução desses comportamentos.

Tal cooperação pode se dar em três níveis, ou como prefere a doutrina, ser classificada em três sistemas: (i) sistema de cooperação bilateral; (ii) sistema de cooperação regional; (iii) sistema de cooperação internacional.

Não há consenso quanto ao sistema mais adequado, mas o fomento de instrumentos de cooperação bilateral e regional demonstram as boas perspectivas no desenvolvimento de um acordo multilateral sobre o assunto e conempresam a cooperação internacional como uma resposta aos diversos problemas derivados da aplicação lei extraterritorial das leis de defesa da concorrência, como os verificados nas divergências entre os objetivos perseguidos pela União Européia e pelos EEUU[(45)].

4.5.1. Instrumentos de cooperação bilateral

Os acordos de cooperação bilateral em matéria de defesa da concorrência são utilizados por diversos países que dispõem de uma legislação antitruste. Um dos efeitos dos acordos de cooperação bilateral é diminuir os efeitos causados pelas falhas na aplicação da legislação de defesa da concorrência de um país em detrimento da de outro[(46)] e superar as divergências decorrentes da aplicação extraterritorial das normas antitruste.

Os acordos de cooperação bilateral podem ser definidos como de primeira geração ou suaves e de segunda geração[(47)].

---

(44) NUSDEO, Ana Maria de Oliveira. *Op. cit.*, p. 170.

(45) ANDRADE SANTOS, Maria Cecília. "A Política da Concorrência e a Organização Mundial do Comércio". *Revista do IBRAC*. São Paulo: IBRAC, vol. 8, n. 5, 2001, p. 41 e ss.

(46) *Ibidem*.

(47) DIERIEX, Greta Spota. "Reflexiones en Torno a las Posibilidades de Cooperación Internacional em Matéria de Competência", *in Boletim Latino Americano de Concorrência*. Disponível em http://europa.eu.int/comm/competition/international/others/latin_america/boletin/boletin_5_1es.pdf, acesso em 13.jan.2006. No mesmo sentido, KEMMELMEIR, Carolina Spack. "Defesa da Concorrência: Práticas Transnacionais e Cooperação no âmbito do Mercosul e ALCA", *Revista do IBRAC*, vol. 9, n. 1, 2002, p. 169 e MARTINEZ, Maria Beatriz. "A cooperação internacional na defesa da concorrência: acordos bilaterais e aplicação do princípio da cortesia positiva". *Revista do IBRAC*, vol. 11, n. 1, 2004, pp. 179-205.

4.5.1.1. Acordos de Primeira Geração

Os acordos de primeira geração, também denominados convênios suaves, são freqüentemente empresados entre autoridades antitruste, caracterizando-se pelo estabelecimento de mecanismos formais de notificação de práticas anticompetitivas e intercâmbio de informações, em obediência ao princípio da cortesia internacional, seja a cortesia negativa *(negative comity principle)* ou a cortesia positiva *(positive comity principle)*[(48)].

a) Cortesia negativa ou tradicional

Pela cortesia negativa, também denominada cortesia tradicional, mais costumeiramente verificada nos acordos de primeira geração, uma das partes signatárias leva em consideração os interesses da outra ao aplicar sua legislação aos atos internacionais, ou seja, evitando prejudicá-la quando da aplicação de suas leis nacionais[(49)].

O princípio da cortesia negativa foi introduzido no julgamento do caso *Hilton v. Guyot*[(50)], quando se estabeleceu que o reconhecimento por uma nação de atos, em seu território, emanados dos Poderes Legislativo, Executivo e Judiciário de outra, levando em consideração os interesses de seus próprios cidadãos e de outras pessoas que estejam sob a proteção de suas leis.

Com esse objetivo, antes de iniciar uma investigação de cartel internacional, por exemplo, o país afetado pela prática deve notificar a autoridade do país onde ocorra a conduta para que adote as providências que entender necessárias. Tal princípio é uma forma superficial de integração dos países no combate às práticas anticompetitivas por permitir uma subjetividade prejudicial aos interes-

---

(48) Como destaca *Maria Beatriz Martinez*, "o termo 'cortesia' *(comity)* refere-se ao princípio geral de que um país deve considerar os interesses dos outros países quando da aplicação de suas leis, em troca de que estes façam o mesmo.

(49) Nesse sentido, artigo VI do Acordo celebrado entre os EEUU e a Comunidade Européia em 1991, ou seja, antes da modificação de 1998. Disponível em www.usdoj.gov/atr/public/international_agreements.htm, acesso em 24.set.2005.

(50) "The recognition which one nation allows within its territory to the legislative, executive, or judicial acts of another nation, having due regard both to international duty and convenience and to the rights of its own citizens or of other persons who are under the protection of its laws." Hilton v. Guyoat, 159 U.S. 113, 164 (1895), Black's Law Dictionary, 6ª ed., 1990, apud, MARTINEZ, Maria Beatriz, *op. cit.*, p. 184.

ses da defesa da concorrência como um todo[51], como se verifica no acordo de cooperação empresado entre as autoridades de defesa da concorrência brasileira e americana[52].

b) Princípio da cortesia positiva

O princípio da cortesia positiva estabelece que os signatários que assinam um Acordo de Cooperação podem decidir aplicar de forma recíproca as normas de extraterritorialidade contidas em sua legislação[53], por intermédio da notificação mútua das investigações iniciadas. Facilitam-se, assim, as consultas, por intermédio da notificação de práticas anticompetitivas, do intercâmbio de informações não confidenciais entre autoridades, além de se possibilitar que um país solicite ao outro que inicie a investigação de uma conduta que ocorra em seu território, mas cujos efeitos sejam produzidos no país solicitante. É possível, ainda, a realização de encontros regulares entre autoridades para discutir a evolução das políticas e promover a troca de informações de interesse mútuo[54].

Verifica-se o desenvolvimento desse princípio na década de 90 com o incremento de condutas anticompetitivas internacionais e de fusões transfronteiriças, a que se somam as limitações da cortesia tradicional e a ausência de instrumentos de cooperação multilaterais contemplando questões concorrenciais. Sua primeira aplicação ocorreu na análise de condutas anticompetitivas praticadas por companhias aéreas, por solicitação formulada pela União Européia[55].

---

(51) Cf. MARTINEZ, Maria Beatriz, *op. cit.*, pp. 184-185.

(52) "Cada parte deverá, ao amparo de suas leis e na medida em que for compatível com seus próprios interesses, assegurar cuidadosa consideração aos importantes interesses da outra parte, em todas as fases das atividades de aplicação, incluindo decisões relacionadas à iniciação de uma investigação ou procedimento, à amplitude de uma investigação ou procedimento e à natureza das medidas legais ou penalidades propostas em cada caso". Acordo entre o Governo da República Federativa do Brasil e o Governo dos Estados Unidos da América relativo à cooperação entre suas autoridades de defesa da concorrência na aplicação de suas leis de concorrência, *in* http://www.cade.gov.br/Internacional/Acordo_Brasil_Estados_Unidos.pdf, acesso em 19.jan.2006.

(53) MARTINEZ, Ana Paula. *Op. cit.*, p. 188.

(54) SAYEG, Fernanda Manzano. "Combate a Práticas Anticompetitivas Transnacionais: O Grande Desafio das Políticas de Defesa da Concorrência no Século XXI". *Revista do IBRAC*, São Paulo: IBRAC, vol. 10, n. 1, 2003, p. 207.

(55) BALZAROTTI, Nora. "Política de Competencia Internacional: Cooperación, Armonización y Experiência". *Boletím Latino Americano de Concorrência*, n. 10, jun./200, pp. 6-7, Disponível em http://europa.eu.int/comm/competition/international/others/latin_america/boletin/boletin_10_1_es.pdf, acesso em 13.jan.2006.

Entre os acordos de cooperação bilateral de primeira geração mais bem sucedidos, a doutrina cita o acordo empresado entre os governo dos EEUU e a Comissão Européia, em 23 de setembro de 1991[56], aditado em junho de 1998, quando se ampliou o conceito de cortesia positiva nele estabelecido[57], determinando-se que uma parte deve atender ao pedido de abertura de investigação feito pela outra mesmo que o fato não configure violação à sua própria legislação antitruste.

Os relatórios anuais sobre Política da Concorrência da União Européia[58], além de divulgarem os acordos de cooperação mantidos pela União Européia com outros países na persecução a condutas anticompetitivas internacionais fomentam o estabelecimento de acordos entre autoridades de concorrência em todo o mundo, ao quantificarem os casos em que as investigações foram bem sucedidas com base na cooperação recíproca entre órgãos de defesa da concorrência de diferentes nações.

4.5.1.2. Acordos de Segunda Geração

Os acordos de segunda geração objetivam a intensificação da cooperação através da eliminação de obstáculos remanescentes de outros acordos, como os relacionados a intercâmbio de informações confidenciais, de que é exemplo o Acordo firmado entre os EEUU e Austrália em 1999[59].

Ainda nessa categoria destaca-se o Acordo de Cooperação e Coordenação entre autoridades de defesa da concorrência da Austrália e Nova Zelândia, por meio do qual pode a autoridade de um país conduzir diretamente as investigações no país vizinho, onde a

(56) Como destaca *Maria Beatriz Martinez* (*op. cit.*, pp. 194-195), o acordo empresado em 23 de setembro de 1991 entre a Comissão Européia e o Governo dos EEUU objetivando a cooperação entre suas autoridades de defesa da concorrência foi objeto de anulação pelo Tribunal de Primeira Instância da Comunidade Européia no julgamento do caso C-327/91. Em 10 de abril de 1995, o Conselho Europeu, em conjunto com a Comissão Européia, reverteu a decisão, quando o acordo foi considerado válido.

(57) KEMMELMEIR, Carolina Spack. "Defesa da Concorrência:Práticas Transnacionais e Cooperação no âmbito do Mercosul e ALCA", *in Revista do IBRAC*, vol. 9, n. 1, 2002, p. 169 e MARTINEZ, Ana Paula. *Op. cit.*, p. 188.

(58) Os relatórios anuais sobre Política de Concorrência, publicados a partir de 1996 encontram-se no seguinte endereço: http://europa.eu.int/comm/competition/annual_reports/, acesso em 19.jan.2006.

(59) *US/Australia Agreement on mutual antitrust enforcement assistance*, disponível em www.usdoj.gov/atr/public/international/docs/usaus7.htm, acesso em 2.jan.2006.

decisão também será dotada de eficácia. A adoção desse tipo de cooperação iniciou-se em 1983, com a celebração entre os referidos países do *Closer Economic Relations Trade Agreement*(60), acordo que estabeleceu um mandato para que as autoridades dessas duas nações harmonizassem suas leis de defesa da concorrência.

O sucesso desse tipo de acordo tem levado as autoridades antitruste desses dois países a firmarem acordos em matéria antitruste com outros países, como se verifica do instrumento de cooperação empresado com o Canadá(61).

Os EEUU têm se mostrado favorável à adoção de acordos bilaterais com seus principais parceiros comerciais, no que se refere ao intercâmbio de informações, o que certamente diminui o impacto decorrente da aplicação de leis divergentes. Com efeito, em 1994, o Congresso dos EEUU aprovou o *International Enforcement Assistance Act (IAEAA)*, lei que permite a troca de informações com outros países pela celebração de Tratados de Assistência Legal Mútua *(Mutual Legal Assistance Treaty)*, tendo sido firmados acordos com o Canadá, União Européia, Austrália, Israel, Brasil, México, Japão, entre outros(62).

No caso dos cartéis internacionais, a celebração deste tipo de acordo permite a obtenção de provas situadas em outras jurisdições, o que seria legalmente impossível sem a utilização desse instrumento(63). O acordo celebrado entre os EEUU e o Canadá, por exemplo, possibilitou a investigação bem sucedida do cartel internacional de fixação de preços de papel de fax formado pela Mitsubishi Corporation, Kanzaki Speciality Papers Inc. e Mitsubishi International Corporation.

4.5.2. Acordos regionais

Na tentativa de minimização de erros e assimetrias de informações decorrentes da celebração de acordos entre autoridades

(60) Informações sobre as relações entre as autoridades antitruste da Austrália e Nova Zelândia, *in* http://www.mfat.govt.nz/foreign/regions/australia/country/australiapaper.html#Business%20Law%20Coordination, acesso em 19.jan.2006.

(61) Cooperation Arrangement between the Comissioner of Competition (Canadá), The Australian Completion and Consumer Comission and the New Zealand Commerce Comission regarding the aplication of their competition and consumer laws, disponível em http://www.mfat.govt.nz/foreign/regions/northamer/canada.html,. Acesso em 19.jan.2006.

(62) NUSDEO, Ana Maria Oliveira. i., p. 171.

(63) MARTINEZ, Ana Paula. *Op. cit.*, p. 187.

de defesa da concorrência para de cartéis internacionais, tem-se efetuado a celebração de acordos de cooperação regional. Como resultado desse esforço de minimização de falhas, os acordos regionais de cooperação geralmente são celebrados entre países que possuem uma aproximação cultural, jurídica ou econômica, como se verifica entre nações situadas no mesmo bloco econômico, como é o caso da ALCA, da União Européia e do MERCOSUL.

A harmonização das legislações de defesa da concorrência entre países de um mesmo bloco regional é um passo importante não apenas para a integração da política de defesa da concorrência, mas para a integração comercial, que está intimamente ligada à consolidação dos blocos econômicos[64].

No que se refere às práticas anticompetitivas internacionais, a cooperação em blocos de integração econômica, não apenas pelos esforços resultantes da uniformização da legislação, mas pela possibilidade da tomada de decisões por um ente supranacional, diminui os riscos de que sejam exaradas decisões conflitantes acerca de uma mesma conduta.

4.5.2.1. União Européia

O sucesso do modelo de integração regional europeu é devido, em grande parte, à existência de um organismo comunitário responsável pelas questões concorrenciais, cuja competência se sobrepõe às dos demais membros da União, bem como à cooperação entre os órgãos nacionais de defesa da concorrência de cada país europeu. Ressalte-se que a competência do ente supranacional se restringe a analisar condutas anticompetitivas que afetem o comércio entre os países da União Européia, que impeçam ou falseiem a concorrência no mercado comum ou constituam abuso de posição dominante exercido em todo o mercado europeu ou em parte substancial dele[65], ficando a cargo de cada país proteger a concorrência em seus domínios.

A doutrina destaca os esforços da Comissão Européia em ampliar o âmbito de atuação em matéria antitruste fora do território

(64) OLIVEIRA, Gesner. Defesa da Concorrência na OMC. *Op. cit.*, p. 308.

(65) SAYEG, Fernanda. "Combate a práticas anticompetitivas transnacionais: o grande desafio das políticas de defesa da concorrência no século XXI". *Revista do IBRAC*, vol. 10, n. 1, 2003, p. 210.

europeu. Diversos acordos de cooperação bilateral têm sido celebrados entre a União Européia e outros países não localizados naquele continente[66]. Tentativas de ampliação dos efeitos dos ajustes bilaterais são evidenciadas em acordos celebrados entre a União Européia e outros blocos econômicos. O aumento do número de países que possuem legislação de defesa da concorrência, entre outros motivos, tem feito com que a União Européia tenha se posicionado a favor da celebração de acordos regionais e pela adoção de um acordo multilateral que contemple a atuação das autoridades de defesa da concorrência na defesa aos cartéis internacionais[67].

4.5.2.2. Mercosul

A cooperação entre autoridades de defesa da concorrência no Mercosul foi inicialmente formalizada pela assinatura de protocolos bilaterais entre o Brasil e a Argentina da década de 80, primeiro passo de um esforço integracionista.

Na verdade, o Tratado das Empresas Binacionais Brasil-Argentina[68], vem ao encontro dos preceitos contidos no preâmbulo do Tratado de Assunção, segundo o qual o Mercado Comum implica livre circulação de bens, serviços e fatores produtivos[69], empresando a idéia já exposta que a cooperação entre autoridades antitruste está intimamente ligada as questões comerciais.

O Tratado de Assunção, celebrado entre o Brasil, Argentina, Paraguai e Uruguai, com escopo de promover a criação de um quadro geral para a instituição de um Mercado Comum do Cone Sul, ao

---

(66) Disponível em: http://europa.eu.int/comm/competition/international/bilateral/, acesso em 19.jan.2006. No mesmo sentido, ANDRADE, Maria Cecília. *Op. cit.*, p. 41 e ss.

(67) Nesse sentido, veja-se interessante artigo de *Maria Cecília Andrade*. "A política da concorrência e a Organização Mundial do Comércio". *Revista do IBRAC,* vol. 8, n. 5, 2001, pp. 41-70.

(68) Promulgado no Brasil pelo Decreto n. 619, de 29.7.92 (DOU de 30.7.92) e depois aprovado pelo Congresso Nacional por intermédio do Decreto Legislativo n. 26, de 26.5.92. Quando o Conselho do Mercado Comum (CMC) reuniu-se pela segunda vez com a presença dos presidentes dos quatro países membros do MERCOSUL, em Las Leñas, Argentina, em 26.9.92, foram intercambiados pelos representantes do Brasil e da Argentina, os instrumentos de ratificação do Tratado, que entrou em vigor quase dois anos após sua assinatura. (ALMEIDA, Paulo Roberto de. "Estatuto das Empresas Binacionais Brasil-Argentina". *Boletim de Integração Latino Americana*, n. 5, pp. 12-15, *apud* VAZ, Isabel. *Direito Econômico da Concorrência,* Rio de Janeiro: Forense, 1993, p. 429).

(69) VAZ, Isabel. *Op. cit.*, p. 429.

estipular em seu preâmbulo os objetivos de integração, não previu princípios aplicáveis às questões concorrenciais, estabelecendo a competência de cada Estado para elaborar normas comuns sobre concorrência, diante de suas políticas nacionais.

A criação do Comitê Técnico n. 5, do Conselho do Mercado Comum objetivou tratar de questões específicas de concorrência. Ao subgrupo de Trabalho n. 10 do Grupo do Mercado Comum (GMC), coube a tarefa de elaborar proposta de harmonização entre as legislações dos países membros em matéria concorrencial, a qual foi aprovada pelo CMC, por meio da Decisão n. 21/94, que dispõe sobre práticas anticompetitivas de natureza coletiva e de natureza individual, tipificando-as e sugerindo a harmonização das legislações dos Estados partes.

Apenas em 1996 foi firmado o Protocolo de Fortaleza, cumprindo o estabelecido no artigo 4º do Tratado de Assunção, que obriga os Estados a coordenar suas políticas com o objetivo de elaborar normas comuns sobre concorrência. Apesar de não ter sido ratificado por todos os Estados, o protocolo constitui um avanço no processo integracionista, pois possibilita a harmonização das normas vigentes nos países membros e, conseqüentemente, o surgimento de condições para a integração regional no campo da defesa da concorrência.[70]

O capítulo II do referido Protocolo sugere a adoção da regra da razão, em vez do critério rígido de tipificação de condutas *per se*; a adoção de procedimentos de investigação, julgamento e imposição de penalidades; a previsão de controle preventivo dos de concentração econômica; previsão de mecanismos de cooperação entre órgãos nacionais de aplicação da legislação antitruste.

Prevê, ainda, o Protocolo de Fortaleza a adoção de regras comuns entre os Estados membros, embora ausente a previsão de um órgão supranacional que venha a dirimir os conflitos advindos dessa legislação comum.

O Protocolo de Fortaleza pode ensejar, como ocorreu no continente europeu, a oportunidade para que todos os países membros empenhassem esforços no sentido de aprovarem normas comuns

---

(70) TAVARES DE ARAUJO JR. *Op. cit.*, p. 156 e OLIVEIRA, Gesner. *Concorrência: panorama no Brasil e no mundo*. São Paulo: Saraiva, 2001, p. 42.

em matéria de concorrência, ou mais que isso, na perspectiva de alguns autores, ao considerar que a cooperação entre autoridades de defesa da concorrência de países do Mercosul poderia ser feita com outros países e blocos regionais, estabelecendo-se, por intermédio de acordos que permitam o intercâmbio de informações confidenciais e a adoção de cláusulas de cortesia positiva(71).

Mencione-se, em 2001, o início do intercâmbio de propostas escritas entre o Mercosul e a União Européia no que se refere às políticas de concorrência entre os mencionados blocos regionais, como parte integrante de um acordo bi-regional de integração comercial(72).

4.5.2.3. ALCA

A defesa da concorrência na Alca objetiva garantir que os benefícios do processo de liberalização não sejam prejudicados por práticas anticompetitivas. Nos mesmos moldes propostos no Mercosul, a cooperação em matéria de defesa da concorrência pode ser viabilizada entre países membros bem como entre terceiros países e outros blocos regionais, ou seja, na celebração de acordos bilaterais entre países membros do bloco ou entre outros blocos econômicos(73).

---

(71) OLIVEIRA, Gesner. "Protocolo de Defesa da Concorrência do Mercosul: Sugestões para a Agenda de Regulamentação". CADE. Texto para Discussão n. 8, set/97, pp. 2-4 *apud* KEMMELMEIER, Carolina. Carolina Spack. "Defesa da Concorrência: Práticas Transnacionais e Cooperação no âmbito do Mercosul e ALCA", *in Revista do IBRAC*, vol. 9, n. 1, 2002, p. 171

(72) ALCA — Grupo de Negociación sobre Política de Competencia; *Informe sobre Desarrollos y Aplicación de las Políticas y Leyes de Competencia.* Comité Tripartito; Organización de Los Estados Americanos, Unidad de Comercio, disponível em http://www.ftaa-alca.org/ngroups/NGCP/Publications/inf04Rev2_s.doc, acesso em 14.jan.2006.

(73) O México, por exemplo, possui tratados de livre comércio com os Estados Unidos, com a União Européia, com Venezuela e Colômbia (grupo dos três), com o Chile, com a Associação Européia de Livre Comércio e com Israel, além de instrumentos específicos empresados com os EEUU e com o Canadá acerca de aplicação da legislação antitruste. O acordo entre o México e os EEUU já resultou em 68 notificações, além da formalização da assistência técnica entre as partes, como em um primeiro "taller" sobre técnicas de investigação, que permitiu às autoridades de ambos os países trocar experiências quanto aos mecanismos e estratégias de investigação de práticas anticompetitivas e concentrações proibidas, do qual participou a autoridade de concorrência do Canadá, na qualidade de convidado especial, beneficiando 65 funcionários com 22 horas de capacitação específica, contribuindo para o entendimento das políticas e critérios de integração utilizados na região da ALCA.

Diversos países integrantes da ALCA[74] possuem normas de defesa da concorrência, destacando-se o Canadá, país em que se verificou a edição da primeira lei de defesa da concorrência em 1889, o México, cuja Carta Política de 1917 já mostrava preocupações com os monopólios[75] e os EEUU, primeira nação a aplicar efetivamente as normas de defesa da concorrência, fonte inspiradora da legislação de muitos outros países.

Com a finalidade de cumprir os objetivos estabelecidos no programa de trabalho pelo Comitê de Negociações Comerciais da ALCA, o grupo de negociação sobre política de concorrência tem feito esforços para consolidar princípios comuns a todos os países, evitando

---

(74) Argentina, Brasil, Bolívia, Canadá, Colômbia, Costa Rica, Chile, El Salvador, EEUU, Guatemala, Jamaica, México, Nicarágua e Panamá, Informação retirada de "ALCA — Grupo de Negociación sobre Política de Competencia"; Informe sobre Desarrollos y Aplicación de las Políticas y Leyes de Competencia. Comité Tripartito; Organización de Los Estados Americanos, Unidad de Comercio, disponível em http://www.ftaa-alca.org/ngroups/NGCP/Publications/inf04Rev2_s.doc, acesso em 14.jan.2006.

(75) Art. 28. En los Estados Unidos Mexicanos no habrá monopolios ni estancos de ninguna clase; ni exención de impuestos; ni prohibiciones a título de protección a la industria; exceptuándose únicamente los relativos a la acuñación de moneda, a los correos, telégrafos y radiotelegrafía, a la emisión de billetes por medio de un solo Banco que controlará el Gobierno Federal, y a los privilegios que por determinado tiempo se concedan a los autores y artistas para la reproducción de sus obras, y a los que, para el uso exclusivo de sus inventos, se otorguen a los inventores y perfeccionadores de alguna mejora.

En consecuencia, la ley castigará severamente, y las autoridades perseguirán con eficacia, toda concentración o acaparamiento en una o pocas manos, de artículos de consumo necesario, y que tenga por objeto obtener el alza de precios; todo acto o procedimiento que evite o tienda a evitar la libre concurrencia en la producción, industria o comercio, o servicios al público; todo acuerdo o combinación, de cualquiera manera que se haga, de productores, industriales, comerciantes y empresarios de transportes o de alguno otro servicio, para evitar la competencia entre sí y obligar a los consumidores a pagar precios exagerados; y, en general, todo lo que constituya una ventaja exclusiva indebida a favor de una o varias personas determinadas y con perjuicio del público en general o de alguna clase social.

No constituyen monopolios las asociaciones de trabajadores formadas para proteger sus propios intereses. Tampoco constituyen monopolios las asociaciones o sociedades cooperativas de productores para que, en defensa de sus intereses o del interés general, vendan directamente en los mercados extranjeros los productos nacionales o industriales que sean la principal fuente de riqueza de la región en que se produzcan, y que no sean artículos de primera necesidad, siempre que dichas asociaciones estén bajo la vigilancia o amparo del Gobierno Federal o de los Estados, y previa autorización que al efecto se obtenga de las legislaturas respectivas en cada caso.

Las mismas legislaturas por sí o a propuesta del Ejecutivo, podrán derogar, cuando las necesidades públicas así lo exijan, las autorizaciones concedidas para la formación de las asociaciones de que se trata. Disponível em http://www.diputados.gob.mx/leyinfo/refcns/dof/CPEUM_orig_05feb1917.pdf, acesso em 20.jan.2006.

que práticas anticompetitivas com efeitos simultâneos em mais de uma nação, como os cartéis internacionais, venham a restringir, impedir ou falsear a livre concorrência na Área de Livre Comércio das Américas(76).

A presença no bloco de países que se encontram num patamar mais avançado de aplicação das normas de combate aos cartéis internacionais possibilitaria a superação de alguns estágios por parte daqueles que estejam em outros patamares.

O fomento da competitividade internacional no âmbito regional indica a necessidade de aplicação, sob uma mesma perspectiva, de princípios comuns que reduzam ou eliminem interpretações divergentes, isto é, que apresentem maior segurança jurídica, externada pela uniformidade da linguagem, análise de efeitos específicos e atribuição de maior transparência à tomada de decisão.

A não incorporação do Protocolo de Fortaleza, assim como o estágio embrionário da ALCA, não impedem que mecanismos de cooperação especificamente relacionados à defesa da concorrência sejam efetivados à análise de alternativas que contemplem a análise da defesa da concorrência numa dimensão maior. Diversos informes elaborados pelo Grupo de Negociação sobre Política de Concorrência da ALCA, por exemplo, têm sido apresentados no contexto proposto pela OMC em razão de serem válidos em acordos comerciais multilaterais(77).

4.5.3. Cooperação Multilateral

Os acordos bilaterais e regionais têm se mostrado bastante úteis na difusão da denominada cultura da concorrência(78). No entanto, a velocidade da integração da economia mundial, a possibilidade de tomada de decisões discrepantes, a punição em uma

(76) ALCA — Quarta Reunião de Ministros do Comércio, *Declaração Ministerial*, São José, Costa Rica, 19 de março de 1998, anexo II — Objetivos por área Temática, Grupo de Negociação sobre Política de Concorrência. Disponível em http://www.ftaa-alca.org/ngroups/ngcomp_s.asp, acesso em 13.jan.2006.

(77) Argentina, Brasil, Bolívia, Canadá, Colômbia, Costa Rica, Chile, El Salvador, EEUU, Guatemala, Jamaica, México, Nicarágua e Panamá., Informação retirada de " ALCA — Grupo de Negociación sobre Política de Competencia"; *Informe sobre Desarrollos y Aplicación de las Políticas y Leyes de Competencia.* Comité Tripartito; Organización de Los Estados Americanos, Unidad de Comercio, disponível em http://www.ftaa-alca.org/ngroups/NGCP/Publications/inf04Rev2_s.doc, acesso em 14.jan.2006.

(78) OLIVEIRA, Gesner, *op. cit.*, p. 311.

jurisdição e a possibilidade de continuar cometendo o ilícito antitruste em outra, acerca da mesma conduta, indicam a necessidade de cooperação entre autoridades de defesa da concorrência no combate aos cartéis internacionais que ultrapassem os âmbitos de cooperação bilateral e/ou regional.

A discussão em torno da criação de regras multilaterais de política de concorrência não é uma questão recente. O período entre guerras (1919-1949) mostrou o estabelecimento de uma nova ordem econômica. Algumas nações, notadamente a Alemanha e os Estados Unidos, no esforço de reconstrução nacional, passaram a permitir concentrações de capital que resultavam em arranjos nocivos ao ambiente concorrencial, como os cartéis, sob o argumento de que viabilizariam uma racionalização da indústria ou como forma de obtenção de escala suficiente para colocar seus produtos no mercado internacional[79]. Os Estados Unidos, como potência vencedora do conflito, visava o restabelecimento da economia mundial com base na liberalização do comércio mundial, na estabilidade monetária internacional e na criação de organismos internacionais que pudessem solucionar os conflitos entre as nações[80].

Logo após o término da Segunda Guerra Mundial, verifica-se a tentativa de criação da Organização Internacional do Comércio — OIC, com fins eminentemente econômicos, em paralelo à Organização das Nações Unidas. A criação prevista na Carta de Havana de 1948 procurava ampliar a regulação do comércio internacional, tendo diversas normas sido incorporadas pelo Acordo Geral de Tarifas e Comércio — GATT, em 1947, destacando-se o fomento do comércio internacional com base na não discriminação e na cláusula da nação mais favorecida, possibilitando a atuação de empresas em territórios que não os seus de origem e, conseqüentemente, potencializando o cometimento de condutas anticompetitivas, na mesma dimensão[81].

A Conferência das Nações Unidas sobre o Comércio e o Desenvolvimento — UNCTAD e a Organização para Cooperação e

---

(79) "The Sherman antitrust act and industrial combinations". *In: American Law Review*, ano 44, n. 2, 1910, pp. 12-13, *apud* FONSECA, João Bosco Leopoldino da. *Op. cit.*, pp. 8-9.

(80) ALMEIDA, Paulo Roberto. OCDE, UNCTAD e OMC — "Uma perspectiva comparada sobre a Macroestrutura Política das Relações Internacionais". *In* CASSELLA, Paulo Borba e MERCADANTE, Araminta (coord.). *Guerra Comercial ou integração mundial pelo comércio? — A OMC e o Brasil*. São Paulo: LTr, 1998, pp. 149-198.

(81) ALMEIDA, Paulo. *Op. cit.*, p. 156.

Desenvolvimento Econômico — OCDE, há muito vêm proporcionando discussões e estudos de suma relevância para o desenvolvimento da defesa da concorrência e de estratégias para a repreensão aos cartéis internacionais numa perspectiva plurilateral e têm se mostrado bastante ativos nas discussões a respeito da adoção de regras multilaterais quanto ao tema no âmbito da OMC[(82)].

Na década de 50, a Organização das Nações Unidas — ONU demonstrou preocupação com as questões concorrenciais derivadas do comércio entre nações ao elaborar acordos multilaterais não vinculativos sobre o tema.

Em 1980, as preocupações a propósito das questões concorrenciais multilaterais transformam-se no Conjunto de Princípios e Regras Justas Acordadas Multilateralmente para o Controle de Práticas Comerciais Restritivas da Conferência das Nações Unidas sobre o Comércio e o Desenvolvimento — UNCTAD, recomendação conhecida como *The Set*, que tinham por objetivo assegurar que as práticas comerciais não impedissem a fruição dos benefícios conseguidos pelos países, especialmente os em desenvolvimento, com o processo de liberalização do comércio internacional[(83)].

A Organização para Cooperação e Desenvolvimento Econômico — OCDE, desde sua criação na década de 60, por meio de seus grupos de trabalho, tem desenvolvido análises e recomendações para as questões relacionadas à defesa da concorrência, destacando-se as que objetivam identificar e reprimir práticas anticompetitivas, como os cartéis internacionais. Os resultados dos trabalhos e discussões em matéria de defesa da concorrência são expressos em recomendações ou em diretrizes *(best practices)* não vinculativas[(84)].

---

(82) O posicionamento da UNCTAD e OCDE encontram-se, respectivamente, em WT/WGTCP/W/197 e WT/WGTCP/W/208, disponível em http://docsonline.wto.org/GEN_searchResult.asp, acesso em 20.jan.2006.

(83) THORTESEN, Vera. *OMC — Organização Mundial do Comércio: As regras do Comércio Internacional e a Nova Rodada de Negociações Multilaterais.* São Paulo: Aduaneiras, 2001, pp. 324-325. No mesmo sentido, SAYEG, Fernanda Manzano. *Op. cit.*, p. 212.

(84) Em abril de 1998, a OCDE aprovou uma recomendação por intermédio da qual os países membros se comprometem a estabelecer e dar cumprimento a leis que proíbam os cartéis clássicos, possibilitando a celebração de acordos de cooperação no intuito de permitir o compartilhamento de provas e evidências que venham a permitir a lei de cada país.

Nos últimos quinze anos, a preocupação da OCDE com relação às condutas anticompetitivas passou a atingir também a postura dos países não membros[85], especialmente as nações em desenvolvimento, diante da possibilidade das empresas buscarem o cometimento de condutas anticompetitivas internacionais a partir da instalação de suas plantas em nações em que não haja ou em que a legislação antitruste se mostre deficiente. Além da participação de determinados países como observadores, a OCDE, por intermédio do Centro de Cooperação com Países não Membros[86] tem fomentado seu diálogo com países localizados na África, Ásia, Europa Central e Oriental, possibilitando o compartilhamento de experiências dos integrantes com essas nações em diversas áreas, inclusive no combate aos cartéis internacionais[87].

O tratamento empreendido à política de concorrência pela OCDE de certa forma é um reconhecimento dos países mais desenvolvidos, integrantes dessa instituição, de que o tratamento das condutas anticompetitivas deve assumir um viés multilateral[88]. A impotência das nações economicamente mais desenvolvidas em obstar a atuação de cartéis internacionais em seus territórios é um elemento que comprova a necessidade de maior inserção dos países emergentes na economia mundial, uma vez que a obtenção de melhores condições para o desenvolvimento econômico e social possibilita a utilização do antitruste como política apta a prevenir condutas restritivas que diminuem o bem-estar do consumidor e resul-

(85) Originariamente os países membros da OCDE eram Áustria, Bélgica, Canadá, Dinamarca, França, Alemanha, Grécia, Islândia, Irlanda, Itália, Luxemburgo, Países Baixos, Noruega, Portugal, Espanha, Suécia, Suíça, Turquia, Reino Unido e Estados Unidos. Em outros anos tornaram-se membros o Japão (1964), Finlândia (1969), Austrália (1971), Nova Zelândia (1973), México (1994), República Checa (1995), Hungria(1996), Polônia (1996) e a Eslováquia (2000). De acordo com o artigo 13º da Convenção da OCDE, a União Européia também participa dos trabalhos da OCDE. *Preventing Market Abuses And Promoting Economic Efficiency,Growth And Opportunity. OCDE — Global Forum on Competition, Fourth Meeting, 12/13 February, 2004, OCDE, Centre for Co-operation with Non-Members, Directorate for Financial and Enterprise Affairs*, 2004, arquivo em pdf.

(86) Centre for Co-operation with Non-Members (CCNM)

(87) Preventing Market Abuses And Promoting Economic Efficiency,Growth And Opportunity. OCDE — Global Forum on Competition, Fourth Meeting, 12/13 February, 2004, OCDE, Centre for Co-operation with Non-Members, Directorate for Financial and Enterprise Affairs, 2004, arquivo em pdf. Disponível em http://www.oecd.org/dataoecd/13/42/27892500.pdf, acesso em 19.jan.2006.

(88) *Idem*, p. 11.

tando no uso ineficiente dos recursos disponíveis. Sem desprezar a importância de outros elementos, não se pode esquecer que atualmente a diferenciação entre os países ocorre muito mais por força das empresas que estão instaladas em seus territórios, ou seja, que a competição entre nações é feita de maneira incisiva nas usinas, nas fábricas, nos laboratórios. As grandes descobertas científicas, os avanços tecnológicos têm se mostrado o caminho eficaz para se dar relevância a economias emergentes.

A estratégia dos países mais desenvolvidos de auxiliar os que estão em via de desenvolvimento a solidificarem a existência e aplicação da legislação que venha a combater os cartéis internacionais é uma estratégia de fortalecimento dos primeiros, preocupados na manutenção de seus próprios poderes.

Numa visão realista, não se pode considerar ilegítimo ou imoral as tendências dos Estados soberanos de fortalecimento de poder. As alianças entre países surgem muitas vezes pela utilização de meios considerados pouco legítimos na ação interna. Os cartéis são exemplos dessa estratégia. À medida que os Estados flexibilizam a utilização de cartéis de exportação, podem considerar ilegítima a atuação desses entes dentro de seus próprios limites[(89)].

Não obstante esses esforços, ainda são grandes as diferenças de nível de desenvolvimento dos sistemas de concorrência entre as nações, o que gera conflitos internacionais diante da possibilidade dos efeitos da conduta ultrapassarem um único ente soberano, resultando em efeitos negativos a outros países pelos reflexos anticompetitivos que causam no comércio internacional.

4.5.4 OMC e defesa da concorrência

Trabalhos como os desenvolvidos na OCDE permitem concluir que as distorções na dinâmica concorrencial causadas pelos efeitos de condutas internacionais, como os cartéis, indiquem o enfoque multilateral como perspectiva apropriada para minimizar as assimetrias entre as nações, causadas por fatores múltiplos, como o grau de desenvolvimento econômico e o estágio de evolução da legislação antitruste.

---

(89) MORGENTHAU, H. *A política entre as nações — a luta pelo poder e pela paz.* Brasília: Editora Universidade de Brasília: Imprensa Oficial do Estado de São Paulo: Instituto de Pesquisa de Relações Internacionais, 2003, p. 232.

A criação da Organização Mundial do Comércio — OMC em 1998, com base em um sistema de normas que objetivava garantir aos seus membros a segurança jurídica necessária para o incremento do comércio internacional entre empresas e nações diante dos reflexos inevitavelmente causados pela defesa da concorrência na área comercial, indicavam a necessidade de que o assunto fosse tratado de forma específica.

A Rodada Uruguai caracterizou-se pela definição de temas importantes para o comércio mundial, como a proposta de implementação de um Código Antitruste Internacional *(Draft International Antitrust Code),* contemplando regras mínimas de defesa da concorrência. Um dos fatos que obstaculizou a implementação do Código foi a ausência de legislação de defesa da concorrência em inúmeras nações e as considerações por parte de algumas de que a implementação de um Código Antitruste Internacional poderia impedir a implementação de outras políticas pelos Estados.

Na declaração ministerial de Doha, no Qatar, em 14 de dezembro de 2001, que constitui a primeira declaração multilateral a respeito da necessidade de se negociar e alcançar um acordo sobre comércio e concorrência desde o estabelecimento, em 1996, do Grupo de Trabalho de interação entre Comércio e Política de Concorrência, os países integrantes da OMC externam sua preocupação com a questão concorrencial, tomando passos importantes, como a definição dos elementos que deveriam ser discutidos na 5ª Conferência Ministerial, realizada em 2003, em Cancun, no México[(90)].

A existência de assimetrias decorrentes dos diferentes estágios de evolução da legislação de defesa da concorrência dos países membros, especialmente das nações em desenvolvimento e menos desenvolvidas, admitidas no próprio texto da declaração[(91)], indicam a necessidade de fomentar a construção desse tema nesses países por intermédio de auxílio técnico e de cooperação, com a flexibilização necessária para que a questão concorrencial seja

(90) Disponível em http://www.wto.org/english/thewto_e/minist_e/min01_e/mindecl_e.htm, acesso em 20.jan.2006.

(91) Ainda nesse sentido, veja-se WT/WGTCP/W/184 de 24.4.2002, doc. 02-2250 — Grupo de Trabalho sobre a Interação entre Comércio e Política de Concorrência — Comunicação da Comunidade Européia e seus Estados membros, disponível em http://www.wto.org/inglish/tratop_e/comp_e/wgtcp_docs_e.htm, acesso em 20.jan.2006.

incentivada em seus próprios territórios, inclusive por intermédio de ajuda externa e medidas dirigidas à elaboração de legislação e treinamento de pessoal[92].

A utilização de princípios como o da transparência, não discriminação, devido processo legal e o da cortesia positiva, assim como disposições expressas considerando ilícitos os cartéis clássicos *(hard-core cartels),* além de um sistema internacional de soluções de controvérsias são indicadas como estratégias para o atendimento amplo dos países menos desenvolvidos e em vias de desenvolvimento, que compõem a maioria dos integrantes da OMC, o que, segundo autorizada doutrina, pode ser útil para que algumas nações venham a atingir um nível mais elevado de desenvolvimento não apenas no que se refere ao combate dos cartéis internacionais[93].

Nas últimas duas rodadas da OMC, a denominada rodada do Desenvolvimento da OMC, realizada em Cancun em 2003[94], e a rodada de Hong Kong[95], realizada em dezembro de 2005, a questão concorrencial não foi contemplada, o que indica a resistência de alguns países[96] para a defesa da concorrência, mas não seu abandono.

Apesar de a União Européia posicionar-se favorável à cooperação multilateral no combate aos cartéis internacionais e à defesa da concorrência na OMC, os casos do algodão e do açúcar demonstram certa incoerência em seus discursos. Os questionamentos relacionados à concessão de subsídios, em que se destaca a criação do grupo G-20 por iniciativa do Brasil, na denominada iniciativa do algodão *(cotton initiative),* acerca da concessão de subsídios fornecidos pelos países ricos ao setor agrícola indicam a resistência de alguns países, especialmente os mais desenvolvidos em conside-

---

(92) Itens 23 e ss. da Declaração de Doha.

(93) VARELLA, Marcelo Dias. *Direito Internacional Econômico Ambiental.* Belo Horizonte: Del Rey, 2003, p. 153.

(94) Informações sobre a Conferência de Cancun estão disponíveis em http://www.wto.org/english/thewto_e/minist_e/min03_e/draft_decl_covletter_e.htm, acesso em 20.jan.2006.

(95) A questão concorrencial não consta da declaração ministerial de Hong Kong, disponível em http://www.wto.org/english/thewto_e/minist_e/min05_e/final_text_e.htm, acesso em 20.jan.2006.

(96) Além da oposição declaradamente liderada pelos EEUU, alguns países em desenvolvimento como a Índia, Paquistão, Egito, China e Hong Kong posicionaram-se manifestamente contrários ao estabelecimento de um acordo multilateral sobre concorrência.

rar as negociações de um acordo multilateral que venha a restringir interesses consubstanciados em suas políticas públicas(97). A discordância com relação à questão agrícola impediu o avanço de outros temas, como o que contemplava um acordo sobre concorrência.

Não restam dúvidas de que o comércio internacional está sujeito a um grau elevado de competição em que o estabelecimento de regras entre os atores seja numa perspectiva, bilateral, regional ou multilateral e necessária e que do incremento cada vez maior da liberalização dos mercados as empresas se valerão utilizando estratégias mais arrojadas de obtenção de lucros supracompetitivos. Há uma inegável convergência, uma complementaridade entre as regras de comércio internacional e de concorrência, uma vez que ambas se preocupam com a eficiência econômica dos agentes no mercado(98).

No entanto, apesar do reconhecimento da importância do combate aos cartéis internacionais numa perspectiva que ultrapasse as fronteiras de cada nação individualmente, os resultados das últimas rodadas indicam que os países estão longe de um consenso.

Os resultados mais animadores desenvolvidos no Grupo de Trabalho sobre a Interação entre Comércio e Política de Concorrência no âmbito da OMC contemplam estratégias semelhantes às desenvolvidas por esses organismos no âmbito de suas atuações. Nesse sentido, as tratativas plurilaterais contempladas por organismos como a UNCTAD e a OCDDE parecem mais adequadas ao tratamento da questão do combate aos cartéis internacionais, ante a minimização das divergências entre os interesses das nações que compõem cada um desses organismos ou a adoção ou a utilização de um acordo multilateral flexível contemplando regras comuns e princípios básicos, além de algumas regras comuns para evitar que determinadas práticas, como os cartéis internacionais sejam consideradas ilegais em um país e admissíveis em outro(99).

A repreensão dos cartéis internacionais será tão mais efetiva quanto maior for a efetividade dos mecanismos de cooperação entre as nações, dando-se ao mal uma perspectiva de repreensão proporcional.

---

(97) Nesse sentido, veja-se WT/DS 267/R, disponível em http://www.wto.org, acesso em 2.jun.2004.

(98) NUSDEO, Ana Maria, *op. cit.*, p157.

(99) Carta de Genebra, vol. 4, maio de 2002.

CONCLUSÃO

Não há como negar que as transformações decorrentes dos avanços tecnológicos, da expansão da economia de mercado e da crescente liberalização do comércio mundial fizeram com que a atuação das empresas fosse cada vez mais internacionalizada. A proposta desta obra foi demonstrar que como conseqüência desse processo e da atuação das empresas em múltiplos territórios verifica-se a possibilidade de cometimento de distorções às regras de concorrência, como os cartéis internacionais, como estratégia de manutenção ou reforço de poder pelos agentes internacionais. Preocupados com o reforço de suas posições, os agentes integrantes de um cartel se valem de mecanismos que resultam na manipulação artificial das condições de mercado, repercutindo diretamente na diminuição da concorrência e, indiretamente, na diminuição do bem-estar social e econômico.

Os internacionais são condutas que merecem ser repreendidas por todos os países em face dos efeitos nocivos que causam ao funcionamento dos mercados e da evidente apropriação injustificada de excedentes.

A aplicabilidade extraterritorial da legislação de defesa da concorrência é um dos instrumentos utilizados pelas autoridades antitruste em todo o mundo no intuito de alcançar, com maior eficiência, práticas iniciadas em um território, mas que causem efeitos em outros países. Os diversos julgados tanto dos EEUU quanto da União Européia indicam a evolução da aplicação extraterritorial da legislação de defesa da concorrência com a adoção da teoria do impacto territorial, não se podendo, contudo, afirmar que se trata de questão isenta de conflitos.

Com efeito, a preocupação com as divergências advindas da aplicação da teoria do impacto territorial, faz surgir os acordos de cooperação, com o objetivo de se combater mais efetivamente os cartéis internacionais, haja vista que a possibilidade de eliminar os conflitos oriundos da aplicação de normas antitruste divergentes ou conflitantes.

No intuito de respeitar os interesses discrepantes entre as nações e de prevenir conflitos derivados da aplicação voluntária de legislações antitruste estrangeiras, os acordos adotam princípios de cortesia. A cortesia negativa, verificada na maior parte dos acordos bilaterais, impõe que a autoridade da concorrência de um determinado Estado notifique a autoridade de outro que consigo tenha celebrado acordo sempre que entender que a prática anticompetitiva produza efeitos nesse país. Já a cortesia positiva consiste na notificação de um determinado país por outro, solicitando a adoção de providências, sempre que entender que uma determinada conduta no território do outro país lhe gere prejuízos.

Outra forma de cooperação entre autoridades de defesa da concorrência são os acordos regionais, estratégias que também demonstram uma preocupação com a convergência de legislações entre e intrablocos econômicos.

Organismos internacionais como a OCDE e a UNCTAD, por exemplo, qualificam os cartéis internacionais como a forma de atuação mais distorciva dos agentes econômicos. No âmbito desses organismos têm surgido propostas de repressão aos cartéis internacionais como recomendações e treinamentos de autoridades da concorrência nos países emergentes.

O tratamento da repressão aos cartéis internacionais por esses organismos plurilaterais sugere a adoção de princípios e regras não vinculativas, o que indica acerto, por esses organismos (OCDE e UNCTAD) congregarem países com características próximas.

Na órbita de atuação de OMC a questão de combate aos cartéis internacionais também tem sido objeto de discussão desde 1996, destacando-se a criação de um Grupo de Trabalho a respeito da Interação e Defesa da Concorrência para desenvolver um acordo multilateral de cooperação sobre o assunto.

As questões que envolvem mecanismos de combate aos cartéis na OMC, apesar do reconhecimento da importância da repressão aos cartéis internacionais numa perspectiva que multilateral, diante da evidente limitação de utilização, em determinadas circunstâncias, dos acordos bilaterais, por força dos resultados das últimas rodadas, indicam que os países estão longe de um consenso.

Na verdade, os resultados mais animadores desenvolvidos no Grupo de Trabalho sobre a Interação entre Comércio e Política de

Concorrência no âmbito da OMC mostram estratégias semelhantes às desenvolvidas por esses organismos no âmbito de suas atuações. Nesse sentido, as tratativas plurilaterais contempladas por organismos como a UNCTAD e a OCDDE parecem mais adequadas ao tratamento da questão do combate aos cartéis internacionais e ao fomento da autuação interativa entre autoridades de concorrência envolvidas em sua persecução, ante a minimização das divergências entre os interesses das nações que compõem cada um desses organismos e à semelhança de situações que enfrentam cada um dos países desses blocos, no cenário internacional.

Diante das evidentes assimetrias existentes entre os países integrantes da OMC, para a repreensão de cartéis internacionais a única possibilidade hoje viável no âmbito de sua atuação seria a adoção de um acordo multilateral flexível contemplando regras comuns e princípios básicos, diante das divergências em outros aspectos derivados de sua atuação como as políticas de implementação de subsídios, curando-se esse mal econômico com um remédio proporcional.

REFERÊNCIAS

ALMEIDA, José Gabriel Assis de. "A aplicação 'Extraterritorial' do Direito da Concorrência Brasileiro". *Revista do IBRAC*, São Paulo: IBRAC, vol. 8, n. 3, 2001, pp. 67-87.

AMERICAN LAW REVIEW, ano 44, n. 2, 1910. Disponível em www.americanlawreview.com/index.html, acesso de jun.2005 a jan.2006.

ANDRADE SANTOS, Maria Cecília. "A política da concorrência e a Organização Mundial do Comércio". *Revista do IBRAC*, São Paulo: IBRAC, vol. 8, n. 5, 2001, pp. 41/70.

ÁREA DE LIVRE COMÉRCIO DAS AMÉRICAS. Grupo de Negociación sobre Política de Competencia. Informe sobre Desarrollos y Aplicación de las Políticas y Leyes de Competencia. Comité Tripartito; Organización de Los Estados Americanos, Unidad de Comercio, disponível em http://www.ftaa-alca.org/ngroups/NGCP/Publications/inf04Rev2_s.doc, acesso em 14.jan.2006.

__________. Quarta Reunião de Ministros do Comércio, Declaração Ministerial, São José, Costa Rica, 19 de março de 1998, anexo II — Objetivos por área Temática, Grupo de Negociação sobre Política de Concorrência. Disponível em http://www.ftaa-alca.org/ngroups/ngcomp_s.asp, acesso em 13.jan.2006.

BALZAROTTI, Nora. "Política de Competencia Internacional: Cooperación, Armonización y Experiência". *Boletím Latino Americano de Concorrência*, n. 10, jun./2000, pp. 6-7. Disponível em: http://www.europa.eu.int/comm/competition/international/others/latin_ america/boletin_ 10_1_es.pdf. Acesso em: 13.jan.2006.

BARRAL, Welber Oliveira. *A regulação Antidumping após a Rodada Uruguai: Impacto para os processos de integração,* tese apresentada como requisito à conclusão de doutorado da faculdade de direito da Universidade de São Paulo, 1999.

BARRE, Raymond. *Manual de Economia Política.* Rio de Janeiro: Fundo de Cultura, 1970.

BASTOS, Celso Ribeiro. *Direito Econômico Brasileiro.* São Paulo: Celso Bastos Editora, 2000.

BORK, Robert. *The antitrust paradox: a policy at war with itself.* New York: Free Press, 1993.

BRUNA, Sérgio Varella. *O poder econômico e a conceituação do abuso em seu exercício.* São Paulo: Revista dos Tribunais, 1997.

BULGARELLI, W. *Concentração de empresas e direito antitruste.* 3ª ed., São Paulo: Atlas, 1997.

CAMPOS, João da Mota. *Manual de Direito Comunitário.* 3ª ed., Lisboa: Fundação Calouste Gulbenkian, 2002.

CARVALHO, Nuno. *As concentrações de Empresas no Direito Antitruste.* São Paulo: Resenha Tributária, 1995.

CASELLA, Paulo Borba e MERCADANTE, Araminta (coord.). *Guerra Comercial ou integração mundial pelo comércio? — A OMC e o Brasil.* São Paulo: LTr, 1998.

CHACON, Vamireh. *Globalização e Estados transnacionais: relações internacionais no século XXI Vamireh Chacon.* Brasília: Arko Advice, 1998, 64 p.

CHAMBERLIN, Edward Hastings. *Teoria de la competência monopólica.* Panauco: Fondo de Cultura Econômica. México, 1946.

CLARK, John Maurice. *A Concorrência como Processo Dinâmico.* 2ª ed., Rio de Janeiro: Forense, 1966.

CLASTRES, Pierre. *A sociedade contra o Estado.* São Paulo: Francisco Alves, 1990.

COMISSÃO DAS COMUNIDADES EUROPÉIAS. Disponível em http://www.europa.eu.int.comm/competition. Acesso de jul.2005 a jan.2006.

__________. Disponível em: http://europa.eu.int/comm/competition/international/bilateral. Acesso em 19.jan.2006.

COMISSÃO FEDERAL DE COMÉRCIO DOS ESTADOS UNIDOS DA AMÉRICA. FTC Act, Lei Pública n. 205, de 26.9.14. Disponível em www.ftc.gov. Acesso de jul.2005 a jan.2006.

CONFERÊNCIA DAS NAÇÕES UNIDAS SOBRE O COMÉRCIO E O DESENVOLVIMENTO. Model Law on Competition — UNCTAD Series on Issues in competition Law and Policy, Geneva, 2003.

CONNOR, John. *Global Antitrust Prosecutions of Modern International Cartels.* Indiana: Purdue University, 2004. Disponível em www.ssrn.com. Acesso em 21.abr.2004.

CONSELHO ADMINISTRATIVO DE DEFESA ECONÔMICA. Disponível em www. cade.gov.br. Acesso de jul.2005 a jan.2006.

________. Acordo entre o Governo da República Federativa do Brasil e o Governo dos Estados Unidos da América relativo à cooperação entre suas autoridades de defesa da concorrência na aplicação de suas leis de concorrência. Disponível em: http://www.cade. gov.br/Internacional/ Acordo_Brasil_Estados_Unidos.pdf, acesso em 19.jan.2006.

CONSTITUIÇÃO DA REPÚBLICA FEDERATIVA DO BRASIL: texto constitucional promulgado em 5 de outubro de 1988, com as alterações adotadas pelas emendas Constitucionais de n. 1/92 a 48/2005 e pelas Emendas Constitucionais de Revisão de n. 1 a 6/94. Brasília: Senado Federal, 2005.

CORRÊA, Rossini. *Crítica da razão legal.* 2ª ed., Rio de Janeiro: América Jurídica, 2004.

CORTE INTERNACIONAL PERMANENTE DE JUSTIÇA. Publications de La Cour Permente de Justice Internationale, série A — n. 10, Le septembre, 1927, Recuiel dês Arrêts, Afffaire du "Lótus", disponível em www.icj-cji.org/ cijwww/cdecisions/ccpij/serie_A/A-1-/30_Lotus_Arret.pdf. Acesso em 3.jan.2006.

COURNOT, Augustin. *Recherches sur lês príncipes mathématiques de la théorie dês richesses.* Paris: Mimeo 1838.

CUNHA, Miguel Gorjão Henriques. *Da restrição da concorrência na Comunidade Européia: a franquia de distribuição.* Portugal: Almedina, 1998.

DEPARTAMENTO DE JUSTIÇA DOS ESTADOS UNIDOS DA AMÉRICA DO NORTE. Disponível em www.usdoj.gov/atr/public/international_ agreements.htm. Acesso jul.2005 a jan.2006.

________. Portaria Conjunta n. 50, de 1º de agosto de 2001 da Secretaria de Direito Econômico do Ministério da Justiça e da Secretaria de acompanhamento Econômico do Ministério da Fazenda, disponível em http:// www.usdoj.gov/atr/public/guidelines/hmg.htm, acesso em 19.jan.2006.

________. US/Australia Agreement on mutual antitrust enforcement assistance, disponível em www.usdoj.gov/atr/public/international/docs/ usaus7.htm, acesso em 2.jan.2006.

FERREIRA, Aurélio Buarque de Holanda, 1910-1989. *Novo Dicionário Aurélio da Língua Portuguesa.* Curitiba: Positivo, 2004.-xxiv, 2120p. +1 CD-ROM.

DIERIEX, Greta Spota. "Reflexiones en Torno a las Posibilidades de Cooperación Internacional em Matéria de Competência". *In: Boletim Latino Americano de Concorrência*, disponível em: http://europa. eu.int/comm/ competition/international/others/latin _america/boletin/boletin_5_1es.pdf. Acesso em: 13.jan.2006.

ELIAS, Nobert. *A Sociedade dos Indivíduos.* Rio de Janeiro: Jorge Zahar, 1994.

EVENETT, Simon; LEVENSTEIN, Margaret e SUSLOW, Valerie. *International Cartel Enforcement: Lessons form the 1990s*. Disponível em: www.ssrn.com. Acesso em 21.abr.2005.

FARINA, Elizabeth. *Revista de Direito da Concorrência,* Brasília: IOB/CADE, n. 6, abr./jun., 2005, pp. 29-59.

FERREIRA ALVES, Jorge, de Jesus. *Direito da concorrência nas Comunidades Européias*. Coimbra: Coimbra, 1989.

FONSECA, João Bosco Leopoldino da. *Direito Econômico*. 3ª ed., Rio de Janeiro: Forense, 2000.

FORGIONI, Paula. *Fundamentos do Antitruste*. São Paulo: Revista dos Tribunais, 1998.

FRANCESCHINI, José Inácio Gonzaga (org.). *Poder Econômico: exercício e abuso — Direito Antitruste Brasileiro*. São Paulo: RT, 1985.

__________ (org.). *Poder Econômico: exercício e abuso: Direito Antitruste Brasileiro*. São Paulo: RT, 1985.

GAUCHET, Marcel. "A dívida do sentido e as raízes do Estado". *In:* CLASTRES, Pierre & GAUCHET, M. *et al. Guerra, religião, poder*. Lisboa, Ed. 70, 1977.

GHEVENTER, Alexandre. "A outra lâmina da tesoura: considerações sobre a oferta na definição do mercado relevante". *Revista do IBRAC,* São Paulo: IBRAC, vol. 5, n. 6, 1998.

GILPIN, Robert. *A Economia Política das Relações Internacionais*. Trad. Sérgio Bath. Brasília: Editora Universidade de Brasília, 2002.

GOMES, Carlos Jacques Vieira. *Ordem Econômica Constitucional e Direito Antitruste*. Porto Alegre: Sérgio Antônio Fabris Editor, 2004.

GRIFFIN, James. *An inside look at a cartel work: common characteristics of international cartels — speech presented at Omni Shoreham Hotel*. Washington, D.C., April 6, 2000. Disponível em: www.usdoj. gov/atr/public/speeches/4489.htm. Acesso em 10.out.2005.

GUEDES, Josefina M.; PINHEIRO, Sílvia. *Antidumping, Subsídios e Medidas Compensatórias*. São Paulo: Aduaneiras, 1993.

HAYEK, F. *Direito, Legislação e Liberdade*. São Paulo: Visão, 1985.

HILTON, V. Guyoat, *Black's Law Dictionary*. 6ª ed., St. Paul: West Group, 1990.

HOVENKAMP, Hebert. *Antitrust*. 3rd edition. St. Paul: Westgroup. 1999.

__________. *Federal Antitrust Policy — The Law of Competition and its Practice*. 2nd. Edition. St. Paul: WestLaw. 1999.

HYLTON, Keith. *Antitrust Law: Economic Theory & Common Law Evolution*. Cambridge: Cambridge University Press, 2003.

KEMMELMEIER, Carolina Spack. "Defesa da Concorrência: Práticas Transnacionais e Cooperação no âmbito do Mercosul e ALCA". *Revista do IBRAC*, São Paulo: IBRAC, vol. 9, n. 1, 2002.

KHEMANI, R. Shyam (org.). *Diretrizes para Elaboração e Implementação de Política de Defesa da Concorrência*. São Paulo: Singular, 2003.

________ ; SHAPIRO, D. M. *Glosario de Términos Relativos a La Economia de las Organizaciones Industriales y a las Leyes sobre Competência*. Washington: World Bank, OECD, 1996.

LEVENSTEIN, Margaret. SUSLOW, Valerie. OSWALD, Lynda. *International Price-Fixing Cartels and Developing Countries: a discussion of effects and policy remedies*. Working Paper Series, Number 53. Political Economy Research Institute. University of Massachusetts Amherst. Amherst, Massachusetts, 2003. Disponível em: www. ssrn.com. Acesso em: 21.abr. 2005.

LEWINSOHN, Richard. *Trustes e Cartéis — suas origens e influências na economia mundial*. Porto Alegre: Livraria do Globo, 1945.

LILLA, Paulo Eduardo. *Política de Concorrência Internacional na OMC: Elementos para a Negociação de um Acordo de Cooperação Multilateral*. Monografia (Curso de Direito), 81 p. São Paulo: Fundação Armando Álvares Penteado, 2004

MALARD, Neide Teresinha. "O Cartel". *Revista de Direito Econômico*, CADE, n. 21, out./dez.1995, p. 38.

MARTINEZ, Ana Paula. "Defesa da Concorrência: o combate aos cartéis internacionais". *Revista do IBRAC*, São Paulo: IBRAC, vol. 10, n. 1, 2003.

MARTINEZ, Maria Beatriz. "A cooperação internacional na defesa da concorrência: acordos bilaterais e aplicação do princípio da cortesia positiva". *Revista do IBRAC*, São Paulo: IBRAC, vol. 11, n. 1, 2004.

MORGENTHAU, H. *A política entre as nações — a luta pelo poder e pela paz*. Brasília: Editora Universidade de Brasília: Imprensa Oficial do Estado de São Paulo: Instituto de Pesquisa de Relações Internacionais, 2003.

NOVA ZELÂNDIA. Cooperation Arrangement between the Comissioner of Competition (Canadá), The Australian Completion and Consumer Comission and the New Zealand Commerce Comission regarding the aplication of their competition and consumer laws. Disponível em: http://www.mfat.govt.nz/foreign/regions/northamer/canada.html. Acesso em: 19.jan.2006.

NUSDEO, Ana Maria de Oliveira. *Defesa da Concorrência e Globalização Econômica*. 2ª ed., São Paulo: Malheiros, 2002.

NUSDEO, Fábio. *Curso de Economia: introdução ao direito econômico.* 3ª ed., São Paulo: RT, 2001.

OCDE, Glosario de Terminos Relativos a La Economia de Las Organizaciones Industriales y a las Leyes sobre Competencia., mimeo.

_________. Competition and Economic Development, Paris, 1991.

_________. Hard Core Cartels — Recent Progress and Challenges Ahead, France, 2003.

_________. Hard Core Cartels, Recent Progress and Challenges Ahead. Washington, 2003.

OLIVEIRA, Gesner. *Concorrência — Panorama no Brasil e no Mundo.* São Paulo: Saraiva, 2001.

_________. *Protocolo de Defesa da Concorrência do Mercosul: Sugestões para a Agenda de Regulamentação.* CADE. Texto para Discussão n. 8, set/97.

ORGANISATION FOR ECONOMIC CO-OPERATION AND DEVELOPMENT — OECD, Competition and Economic Development, Paris, 1991.

_________. Preventing Market Abuses And Promoting Economic Efficiency, Growth And Opportunity. OCDE — Global Forum on Competition, Fourth Meeting, 12/13 February, 2004, OCDE, Centre for Cooperation with Non-Members, Directorate for Financial and Enterprise Affairs, 2004. Disponível em www.oecd.org. Acesso em 19.jan.2006.

ORGANIZAÇÃO MUNDIAL DO COMÉRCIO. Disponível em www. wto.org. Acesso de jul.2005 a jan.2006.

_________. Declaração Ministerial de Hong Kong. Disponível em: http://www.wto.org/english/thewto_e/minist_e/min05_e/final_text_e.htm. Acesso em: 20.jan.06.

_________. Conferência de Cancun. Disponível em <http://www. wto.org/english/thewto_e/minist_e/min03_e/draft_decl_covletter_e. htm. Acesso em: 20.jan.2006.

_________. Declaração Ministerial De Doha. Disponível em: <http://www.wto.org/english/thewto_e/minist_e/min05_e/final_text_e.htm>. Acesso em: 3.jan.2006.

ORGANIZAÇÃO PARA O DESENVOLVIMENTO E COOPERAÇÃO ECONÔMICA. Disponível em www.oecd.org. Acesso jul.2005 a jan.2006.

PAIM, Maria Augusta Fonseca. "Os caminhos do Direito Econômico para além das Fronteiras Nacionais". *Revista do IBRAC*, São Paulo: IBRAC, vol. 12, n. 4, 2005.

PFEIFFER, Roberto. "Voto de Vista do Conselheiro". *Revista de Direito da Concorrência* — n. 6, Brasília, IOB/CADE, abr./jun., 2005, pp. 98-121.

POSNER, Richard A. *Antitrust law, an economic perspective.* Chicago: The University of Chicago, 1996.

_________ . *The law and economics of antitrust.* Chicago: The University of Chicago, 1976.

POSSAS, Mário Luiz (org.). *Ensaios sobre Economia e Direito da Concorrência.* São Paulo: Singular, 2002.

_________ . "Trabalhos apresentados no II Seminário Internacional de Direito da Concorrência". *Revista do IBRAC*, São Paulo: IBRAC, vol. 3, n. 5, 1996.

_________ (coord.); FAGUNDES, Jorge. *II Curso de Defesa da Concorrência, 5º tópico.* Análise de Condutas Anticoncorrenciais, CADE, Brasília, 1999.

PROCESSO T-229/94. *Colectânea da Jurisprudência 1997. Disponível em* http://curia.eu.int/common/recdoc/repertoire_jurisp/bull_ cee/data/index_B-07_02_02_02.htm. *Acesso em 24.set.2005.*

PUBLICATIONS DE LA COUR PERMENTE DE JUSTICE INTERNATIONALE, série A — n. 10, Le septembre, 1927, Recuiel dês Arrêts, Afffaire du "Lótus". Disponível em www.icj-cji.org/cijwww/cdecisions/ccpij/serie_A/ A-1-/30_Lotus_Arret.pdf. Acesso em 3.jan.2006.

REALE, Miguel. *Lições Preliminares de Direito.* 22ª ed., São Paulo: Saraiva, 1995.

RELAÇÕES ENTRE AS AUTORIDADES ANTITRUSTE DA AUSTRÁLIA E NOVA ZELÂNDIA. Disponível em: www.mfat.govt.nz/foreign/regions/ australia/country/australiapaper.html#Business%20Law% 20Coordination. Acesso em 19.jan.2006.

RELATÓRIOS ANUAIS SOBRE POLÍTICA DE CONCORRÊNCIA. Disponíveis em: http://europa.eu.int/comm/competition/annual_ reports/ Acesso em 19.jan.2006.

COLETÂNEA DA LEGISLAÇÃO DA DEFESA DA CONCORRÊNCIA NO BRASIL. *Revista de Direito Econômico,* n. 33, jan./jun., CADE. Brasília, 2002.

ROBBINS, Lionel. *An Essay on the Nature and Significance of Economic Science.* Londres: Macmillan, 3rd ed. 1ª ed., 1932.

ROBINSON, J. *Economics of Imperfect Competition.* London: Macmillan, 1933.

SALOMÃO FILHO, Calixto. *Direito Concorrencial — as estruturas.* São Paulo: Malheiros, 1998.

_________ . *Direito Concorrencial: as condutas.* São Paulo: Malheiros, 2003.

SAMUELSON, Paul A. *Introdução à análise econômica*. 7ª ed., Trad. Luis Carlos do Nascimento e Silva. Rio de Janeiro: Editora Agir, vol. I, 1985.

SAYEG, Fernanda Manzano. "Combate a práticas anticompetitivas transnacionais: o grande desafio das políticas de defesa da concorrência no século XXI". *Revista do IBRAC*, São Paulo: IBRAC, vol. 10, n. 1, 2003.

SILVA, Rutelly. "Estabilidade de Cartéis e Ciclos Econômicos". *Revista de Direito da Concorrência*, n. 1, jan./mar.2004. Brasília: IOB/CADE, 2004.

SIMÕES PATRÍCIO, J. *Direito da Concorrência: aspectos gerais*. Coimbra: Publicações Gradiva, 1982.

SOUZA, Washington Peluso Albino de. *Primeiras Linhas de Direito Econômico*. 4ª ed., São Paulo: LTr, 1993.

STONIER, Alfred W.; HAGUE, Douglas C. *Teoria Econômica*. 5ª ed., Trad. Cássio Fonseca, Rio de Janeiro: Zahar, 1967.

TAVARES DE ARAUJO JR., José. "Política de Concorrência no Mercosul: uma agenda mínima". *Revista Temas de Integração*. Portugal: Almedina, 2º semestre de 2000; 1º semestre de 2001, ns. 10 e 11, p. 149.

THORSTENSEN, Vera. "A OMC: Organização Mundial do Comércio e as negociações sobre comércio, meio ambiente e padrões sociais". *Revista Brasileira de Política Internacional*, vol. 41, n. 2, pp. 29-58, 1998.

__________. *OMC: Organização Mundial do Comércio: As Regras Multilaterais do Comércio Internacional e a Nova Rodada de Negociações Multilaterais*. São Paulo: Aduaneiras, 2001.

TOCQUEVILLE, A. *A Democracia na América: leis e costumes de certas leis e certos costumes políticos que foram naturalmente sugeridos aos americanos por seu estado social democrático*. Trad. Eduardo Brandão. São Paulo: Martins Fontes, 1998.

VARELLA, Marcelo Dias. *Direito Internacional Econômico Ambiental*. Belo Horizonte: Del Rey, 2003.

VARIAN, Hal R. *Microeconomia — princípios básicos*. Tradução da 2ª ed., Original de Luciane Melo — Rio de Janeiro: Campus, 1994.

VAZ, Isabel. *Direito econômico da concorrência*. 1ª ed., Rio de Janeiro: Forense, 1993.